Ehrengard Burkhardt

HANNOVER

„Sonntags-Spaziergänge"

Führer zur Architektur und Kunst im öffentlichen Raum

MICHAEL IMHOF VERLAG

Inhalt

9. Spaziergang:
List
S. 100

10. Spaziergang:
Mitte & Nordstadt
S. 110

11. Spaziergang:
Kleefeld & Kirchrode
S. 120

12. Spaziergang:
Ricklingen & Mühlenberg
S. 130

13. Spaziergang:
Linden-Süd
S. 138

14. Spaziergang:
Linden Mitte & Nord
S. 146

15. Spaziergang:
Herrenhausen
S. 150

16. Spaziergang:
Marienwerder/
Garbsen
S. 156

Einführung

Mit diesem Buch möchte ich die moderne Kunst in und auf den Straßen, Plätzen und Parkanlagen Hannovers zeigen und – soweit dies möglich war – die Herkunft der Kunstwerke und ihrer Künstler nahebringen.
Was ist Kunst oder wie sollte Kunst sein? Aus meiner Sichtweise sollte sie gleichermaßen interessant und ansprechend sein, aber auch glücklich machend, beruhigend, nachdenklich, Augen öffnend, versöhnend, aufmunternd, anregend, bereichernd, aussagekräftig, realistisch oder abstrakt, spielerisch, leicht, gewaltig, gespenstisch, versponnen oder phantastisch. Zur Kunst gibt es sicher 1000 verschiedene Vorstellungen und Zugänge.
Eine Auseinandersetzung mit Kunst soll diese Veröffentlichung fördern. Eine kunsthistorische Einordnung und Bewertung der Kunst im öffentlichen Raum kann und möchte das Buch allerdings nicht leisten.
Aus diesem Grund habe ich bei den Vorstellungen nur den Namen des Kunstwerks, des Künstlers und den Standort angeführt. Vor allem wollte ich zeigen, wo und was es in Hannover alles zu sehen gibt. Man rennt in der Hektik des Tages so leicht an den schönen und interessanten Dingen vorbei und sieht sie nicht, weil man in Gedanken schon im Büro oder im nächsten Kaufhaus ist.
Auf meinen „Spaziergängen" habe ich vor allem die moderne Kunst berücksichtigt. Sie steht zumeist auf den Straßen und Plätzen, abgesehen von Andreas von Weizsäckers hängenden Autos unter der Raschplatzbrücke und Ulrike Enders traurigem Baum am vierten Stock des Roderbruchturms, der sinnbildlich für den abgeholzten Baum, der dem Hausbau weichen mußte, steht. Alte Häuser und Kirchen zeigen häufig eine reiche Bauplastik und bieten so viele verspielte Überraschungen, je nach Epoche Putten, Engel und Girlanden, Drachenköpfe und Teufelsfratzen, Adler und Wappen sowie Szenen, wie z. B. den bildhaft dargestellten Nachbarschaftsstreit in der Prinzenstraße oder die köstliche Werbung für einen Nachtclub in der Roscherstraße.
„Spaziergänge" lassen sich fast nur in der City verwirklichen, wo Kunst und Kultur so nah beieinander zu finden sind. Um aber Hannovers angrenzende Stadtteile zu erleben, braucht man ein Fahrrad oder ein Auto.
Ich habe versucht, das Ergebnis des 55-jährigen Wiederaufbaus der Stadt Hannover im Bild festzuhalten und danke den vielen Hannoverschen Ämtern, die mir sehr bei den Recherchen für dieses Buch geholfen haben. Mein besonderer Dank gilt dem Kulturamt und Herrn Sid Auffarth.
Um das Buch realisieren zu können, musste zudem der Umfang auf die vorliegenden 160 Seiten begrenzt bleiben.

Hannover im Sommer 2002

Ehrengard Burkhardt

1.- 5. Spaziergang

Das Straßenbild der City prägen überwiegend große und kleine Warenhäuser, Boutiquen, Restaurants und Parkhäuser. Da gibt es die Georgstrasse – die Hauptgeschäftsstraße und Flaniermeile. Sie geht fast gerade durch die City, vom Steintor (bis Ende 18. Jhs. nordöstliches Tor der Stadtmauer) bis zum Aegidientorplatz im Süden. Während am Steintor das Rotlichtmilieu etabliert ist und Basaratmosphäre durch die vielen ausländischen Läden herrscht, finden wir am „Aegi" die großen Banken und Versicherungen, die in ihrer Bauweise immer größer werden. Dazwischen gibt es alles, was das Herz begehrt. Der Hannoveraner nennt die Georgstrasse liebevoll „Schorsengasse" und macht am Sonntag seinen „Schorsenbummel". Den Mittelpunkt der City bildet der Kröpckeplatz mit der Kröpckeuhr und der Hauptbahnhof, der für die EXPO renoviert bzw. erneuert wurde.

Da ist die Altstadt, als Mittelpunkt die Marktkirche, das Alte Rathaus und der Niedersächsische Landtag – früher Leineschloss, das im 13. Jahrhundert Minoritenkloster war. 1640 ließ Herzog Georg von Calenberg an gleicher Stelle das Leineschloss errichten, das in den folgenden Jahrhunderten mehrfach umgebaut wurde. An der fünften und bedeutendsten Umbauphase von 1815-1844 war unter anderem der berühmte Architekt G.L.F. Laves (1788-1864) beteiligt, dessen Name auch mit dem Opernhaus, Schloss Herrenhausen, der Aegidienkirche, der Waterloosäule, seinem eigenen Wohnhaus und dem Palais des Oberhofmarschall Graf von Wangenheim verbunden ist.

In der Altstadt, die vor der Zerstörung im Zweiten Weltkrieg eine malerische Fachwerkstadt war, finden wir heute nur noch wenige historische Häuser in der Burg- und Kramerstraße. Um den Eindruck des historischen Hannoveraner Stadtbilds nach 1945 wiederzugewinnen, wurden an dieser Stelle erhaltene Häuser anderer Straßen wieder aufgebaut.

Weiter südlich steht das Neue Rathaus. Man findet die Ansicht des Gebäudes auf fast jeder Publikation über Hannover. Es ist ein prachtvoller und pompöser Bau, der 1913 eingeweiht wurde und Sitz des Oberbürgermeisters ist.

Als Maßnahme für den Wiederaufbau nach 1945 wurden in Hannover Künstler beauftragt.

Schon **1945** gründete sich der Bund Bildender Künstler unter dem Vorsitz von Ludwig Vierthaler. **1946** fand die erste Ausstellung des BBK (Bund Bildender Künstler) in der Orangerie statt. **1947** konnte die große Wilhelm Busch-Ausstellung im Kestnermuseum als Begleitprogramm für die erste Hannover Messe eröffnet werden. **1949** wurde der Hannoversche Künstler und Bildhauer Kurt Lehmann Professor an der Technischen Hochschule, der späteren Universität. Er prägte mit seinen Werken viele Jahre das Stadtbild.

1950 nahm das Wilhelm-Busch-Museum seine Arbeit im ehemaligen Wallmodenschlösschen im Georgengarten wieder auf. **1951** fand aus Anlass der Bundesgartenschau im provisorisch aufgebauten Künstlerhaus die Ausstellung „Blumen und Gärten in der Malerei" statt. Die erste Schwitters-Ausstellung war **1956**. **1959** erhielt die Marktkirche zur 600-Jahrfeier die bekannte Bronzetür von Gerhard Marks – von der Stadt geschenkt – und der Kunstverein startete die Ausstellung „Die neue Generation".

1965 wurde die erste „Sammlung Sprengel" im Kunstverein gezeigt. **1967** verstarb der Bildhauer Ludwig Vierthaler mit 92 Jahren. **1969** kam die erste Kunst- und Antiquitätenmesse nach Herrenhausen. Seitdem findet sie dort fast jährlich statt. An seinem 70. Geburtstag schenkte Bernhard Sprengel seine umfangreiche und qualitätvolle „Sammlung der Gegenwartskunst" der Stadt Hannover, dazu 2,5 Mio. Deutsche Mark für das zu erbauende Museum. Er wurde Ehrenbürger der Stadt und war wohl der größte Mäzen für bildende Kunst und Musik in der Nachkriegszeit in Hannover. Wir haben ihm alle viel zu verdanken.

1970 startet Hannover als erste bundesdeutsche Stadt das Experiment „Straßenkunst". Es wurden 27 Kunstwerke erworben und öffentlich aufgestellt. Nicht alle davon sind noch vorhanden. **1974** stellte man drei „Nanas" von Niki de Saint Phalle am Leibnizufer auf. Durch den Protest der Bevölkerung endete vorerst das Projekt „Straßenkunst". **1978** stiftete Bernhard Sprengel die Stahlplastik „Hellebardier". Sie steht heute am Maschsee. **1979** wurde das „Kunstmuseum Hannover mit ‚Sammlung Sprengel'" eröffnet und 1984 in „Sprengel Museum" umbenannt.

1981 sahen 400.000 Besucher die Tutenchamun-Ausstellung im Kestnermuseum. Im Wilhelm-Busch-Museum waren Tomi Ungerer-Cartoons zu sehen und die Kestner-Gesellschaft zeigte Andy Warhol-Retrospektiven. Im Alter von 85 Jahren verstarb Bernhard Sprengel **1985**. **1986** startete Robert Simon, Inhaber der „Galerie Kö-24", eine groß angelegte Freilichtausstellung „Stahlskulpturen aus Berlin im Stadtraum Hannover", die sogenannte „Skulpturenmeile" vom Friederiken Platz bis zum Königsworther Platz. Die letzte Plastik traf im Jahr 2000 ein.

Die Ausstellung „Bis Jetzt" bildete **1990** den Anfang der Reihe „Kunst im öffentlichen Raum", die mit 36 Plastiken auf fünf Jahre angelegt war. Von den zehn Installationen unter dem Motto „Im Lärm der Stadt" **1991** blieb nur das Objekt „Hang Over" von Andreas von Weizsäcker unter der Raschplatzbrücke bestehen. Die Ausstellung „Busstop" („Internationales Designer-Projekt Hannover 92") zeigte **1992** Modelle von Haltestellen im öffentlichen Nahverkehr, die **1994** errichtet wurden. Gleichfalls 1994 wurde das Mahnmal des Vereins „Memoriam" zum Gedenken an die Verfolgung Hannoverscher Juden auf dem Opernplatz eingeweiht.

Auch in den folgenden Jahren wurden zwar noch einige größere oder kleinere Kunstwerke in der Stadt aufgestellt, aber im Grunde begann die Zeit der großen Baustellen für die zu verbessernde Verkehrsgestaltung in der Stadt im Hinblick auf die EXPO 2000. **1990** betraute nämlich das Pariser „Bureau International des Exposition" die Bundesrepublik Deutschland damit, die Weltausstellung 2000 in Hannover durchzuführen. **1991** feierte Hannover noch mit vielen Veranstaltungen das 750-jährige Stadtjubiläum. Von da an begannen die großen Verschönerungsmaßnahmen im Zuge der EXPO 2000.

Dies sind zusammengefasst 55 Jahre Hannover-Aufbau und wie wir sehen können, haben die Stadtväter mit den Künstlern und den kunstinteressierten Bürgern viel geschaffen. All dies möchte ich Ihnen mit meinen Bildern zeigen.

1. Spaziergang

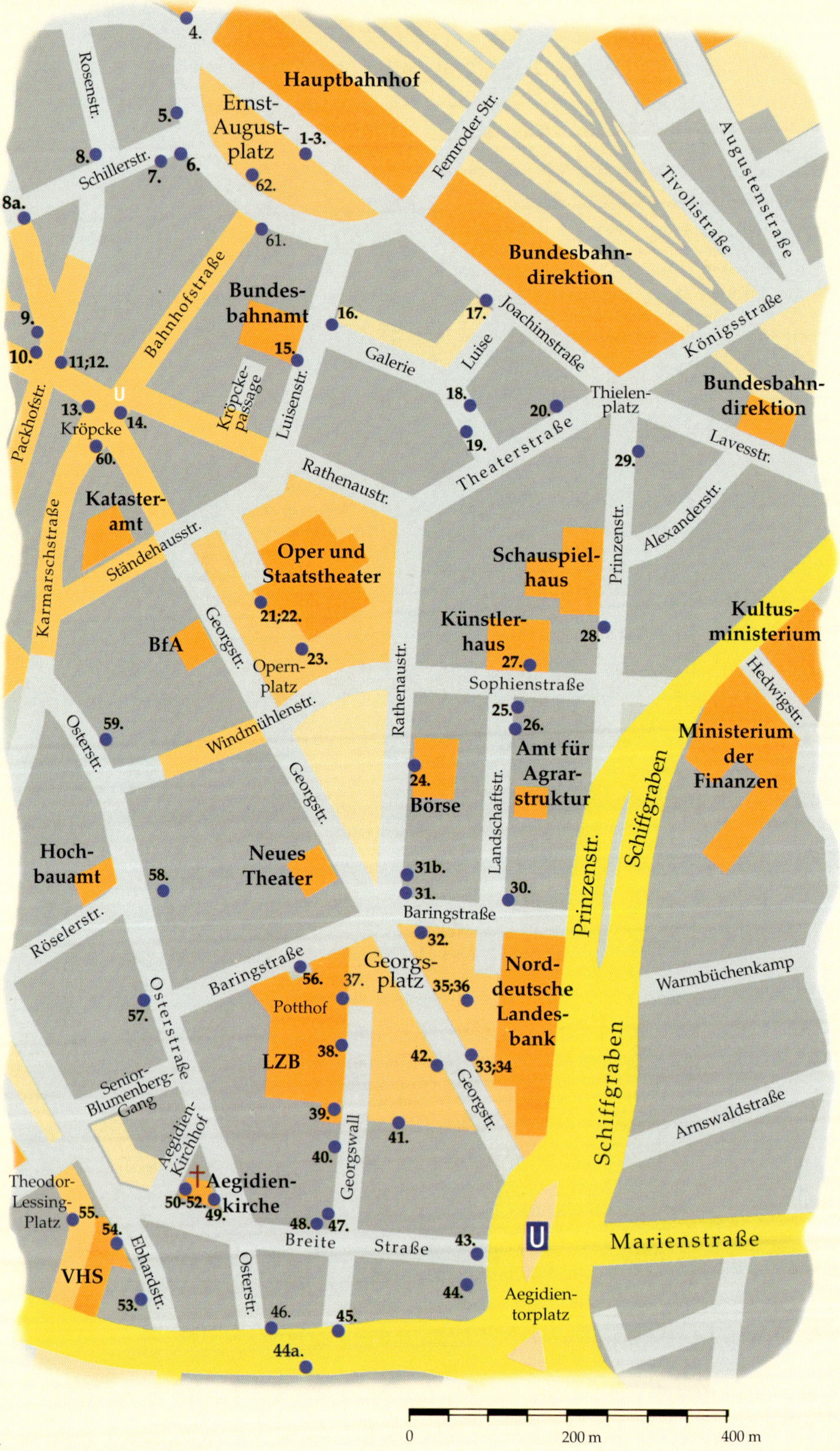

1. U-Bahnstation im **Hauptbahnhof** von Jean Dewasne (Paris) 1975

2. Passerelle von 1972-76 zum **Ernst-August-Platz**, eine unterirdische Ladenstraße mit „Kunst am Bau“

3. **Hauptbahnhof**, 1875-80 von Hubert Stier (1838-1907), ein Spätwerk des Berliner Rundbogenstils, oft an- und umgebaut, zur Expo 2000 renoviert und modernisiert. Vor der Fassade das Denkmal des Königs Ernst August von Hannover in Husarenuniform von Albert Wolff 1861. Uniform und Kopf wurden nach Entwurf des hannoverschen Heinrich Hesemann ausgeführt. Das Reiterstandbild wurde 1971 zum Landtag in die Karmarschstraße versetzt, aber 1975 nach dem Bau der Passerelle ohne den gestuften Unterbau vor dem Hauptbahnhof wieder aufgestellt. **Ernst-August-Platz**

5. Zentralhotel, 1880 als Wohnhaus errichtet, 1915 zum Hotel umgebaut. Die Engländer beschlagnahmten es 1945 für ihre Armeeangehörigen. Seit 1968 ist das Hotel wieder in Familienbesitz.
Ernst-August-Platz 4

4. „Briefstafette" 1951 von Richard Khuöl,
am Hauptpostamt-Eingang

6. Rückseite des Kaufhofs, künstlerische Fassadengestaltung von Stephan Schwerdtfeger und Hans Spölgen 1967,
Schillerstraße/Ecke Bahnhofsplatz

7. Die vier Figuren unter den Arkaden des Kaufhofs stammen vom Vorgängerhaus „Dicker Fritz" in der Bahnhofstraße. Sie waren oben an der Fassade angebracht und wurden beim Abriss des im 2. Weltkrieg beschädigten Hauses gerettet.
Schillerstraße

8. Postbrunnen „Senden und empfangen" von Herbert Volwahsen, 1957, ***Rosenstraße***

8a. „Mann mit Hirsch" von Stephan Balkenhol 2002, ***Andreasplatz***

9. Haus Bahlsen, Bauplastik an den Fensterrahmen von Ludwig Vierthaler

10. Haus Bahlsen, 1950-51 von Architekt Karl Siebrecht erbaut. Die vier Giebelfiguren stammen von Kurt Lehmann.
Georgstraße 29/
Ecke Große Packhofstraße

11 u. 12
„Leute im Regen" von Ulrike Enders 1983,
Georgstraße

13. Eines der acht Partnerstadtwappen auf dem Pflaster,
Am Kröpcke

14. Kröpckeuhr, Stadtmittelpunkt! Man trifft sich „an der Uhr". Original von Konrad Oertel 1885, 1954 abgebrochen, und 1977 von W. Hoffmann nachgebildet,
Am Kröpcke

15. „Köpfe", Bronze auf Marmor von Eberhard Eggers,
Luisenstraße

16. „Windbaum" von Johannes Dinnebier, ***Luisenstraße***

19. Langelsche Stiftung von Karl Gundelach, ***Galerie Luise***

18. „Der Stühlebrunnen" von Ulrike Enders, ***Galerie Luise***

17. „Lichtbaum" von Johannes Dinnebier, ***Galerie Luise, Eingang Joachimstraße***

20. *Commerzbank, vier Arbeiterfiguren: Seemann, Bauer, Schmied und Bergmann von Georg Herting 1924. Hinter der erhaltenen Fassade befindet sich seit 1988 der Neubau des modernen Bürogebäudes.*
Theaterstraße 1/12

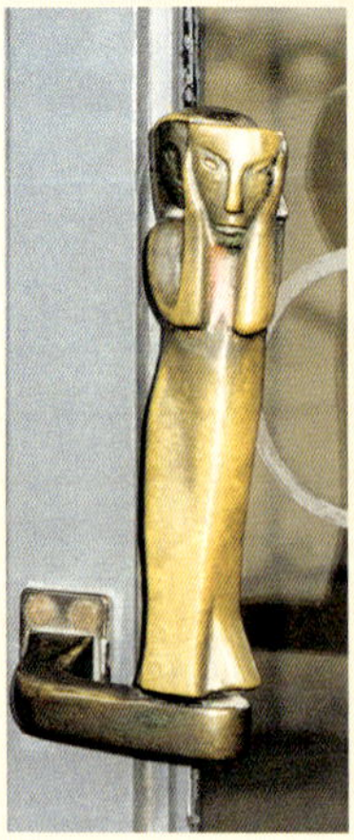

21. *Opernhaus, 1845-52 von Georg Ludwig Friedrich Laves als klassizistisches Hoftheater in Bauformen der Renaissance und des Rundbogenstils als mächtiger Baukörper erbaut, 1943 bis auf die Grundmauern niedergebrannt, Wiederaufbau 1950, Umbau 1985 durch Dieter Oesterlen. Auf dem Vorbau stehen 12 Steinfiguren von Theaterdichtern und Komponisten.* ***Georgstraße***

22. *Griffe an den Außentüren des Opernhauses*

23. Gedenkstätte von Michelangelo Pistoletto, für die im Dritten Reich (1933-1945) umgekommenen hannoverschen Juden,
Rathenaustraße 1

24. Börse, 1846-49 im englischen Tudorstil als Sitz der „Landschaft für die Fürstentümer Calenberg, Göttingen und Grubenhagen" (Vertretung der Provinzialstände) von Ernst Ebeling mit polygonalen Ecktürmchen und Zinnbekrönung erbaut, seit 1923 Börse, nach Bombenschäden (1943) 1951/52 unter Leitung von Dieter Oesterlen wieder aufgebaut,
Rathenaustraße 2

25. u. 26. Portal und Giebel der Braunschweigischen Hypobank, 1898 im Stil der italienischen Renaissance mit reicher Bauplastik von Karl Gundelach errichtet. An den Giebelecken: Brunsviga und Hannovera,
Landschaftsstraße 8

27. Künstlerhaus, 1853-55 von Conrad Wilhelm Hase im Rundbogenstil mit romanischen Bauformen als Museum für Kunst und Wissenschaft erbaut, seit 1902 städtisch, heute Sitz des Kunstvereins, weiterer Kulturvereine und des Kommunalen Kinos, ***Sophienstraße 2***

28. Wirtschaftsschule Buhmann, Heroldfigur auf Konsole unter Baldachin, 1895 von Emil Lorenz, ***Prinzenstraße 13***

links:
29. ***Prinzenstraße 2 u. 4****, Figurenschmuck und der Nachbarschaftsstreit von 1897. Eine Witwe baute ihr Haus drei Meter weiter auf die Straße hinaus. Das missfiel dem Nachbarn, Baron von Königsworth. Er klagte wegen vermindertem Lichteinfall. Sie rächte sich mit der Anbringung der drei Symbole: Mit der Eidechse kehrte sie ihm kühl den Rücken zu, war ihm spinnefeind und ließ ihm im Norden die ewige Sonne scheinen.*

31. Hannoversche Bank, seit 1898-1900 nach Plänen von Karl Börgemann (1851-1938) als repräsentatives Eckgebäude für die ehem. Hannoversche Bank (heute Sitz der Deutschen Bank) errichtet, dreigeschossiger Werksteinbau des Historismus mit Jugendstilelementen, spätgotische Bauplastik von Rummel, höherer Eckturm mit Kuppel und Laterne zur Betonung der Eckposition, ***Baringstraße/ Ecke Rathenaustraße***

links: 30. Merkur und Jüngling mit Bienenkorb von August Waterbeck an der Sparkasse, ***Landschaftsstraße 5***

35. u. 36. „Wanderer" von Michael Otto 1991, **Georgsplatz**

oben:
32. „L'Air" (dt. „Die Luft"), 1939, Bronzefigur einer schwebenden Frau auf einem Sockel im Brunnen von Aristide Maillol.
Die Figur ist ein Nachguss des Denkmals für die Pioniere der Frankreich-Süd-Amerika-Fluglinie in Toulouse, ***Georgsplatz***

33. u. 34. „Kopf mit 12 Augen" und „Kopf in der Hand" von Horst Antes 1976 geschaffen, stehen seit 1982 auf dem ***Georgsplatz***

37. Landeszentralbank für Niedersachsen, Bremen und Sachsen-Anhalt, 1894-96 von Max Hasak als Repräsentationsbau für die Reichsbank im Stil der ital. Renaissance erbaut, Erweiterung des Nordflügels 1994, dazwischen kleiner Hof, ***Georgsplatz 5***

38. Drei Steinskulpturen von stereometrisch vegetativer Gestalt von Louis Niebuhr, ***Georgsplatz*** *(im kleinen Hof)*

39. Traufgesims der Landeszentralbank, ***Georgsplatz 5***

41. Vier Glockenbrunnen in Form von Wassertulpen von Wilhelm Brodthage 1957 ***Georgsplatz***

40. Rest der Stadtmauer, 14. Jahrhundert, ***Georgsplatz***

42. Drei bewegliche Schrauben, Polyester mit rotem Lack von Hans-Wolfgang Lingemann 1971, ***Georgsplatz***

43. Bewegliche Winkelelemente von Günter Tollmann 1981, roter Stahl,
Breite Straße

44. Irritation: „In Vent" („Im Wind") von Robert Schad, Stahl, im Hof der Kreissparkasse,
Aegidientorplatz 1

44a. Neubau der Nord-L-B, 1998-2002 vom Architektenbüro Behnisch und Partner mit 80 m hohem Turmhaus für 1500 Mitarbeiter, ***am Aegidientorplatz***

*links: 45. Große Kugelform von Karl Hartung 1976, Symbol der deutschen Einheit, **Friedrichswall***

*oben: 47. Grotehaus, 1935/36 von Adolf Springer für die Kaffeefirma Ernst Grote erbaut, historisierende Werksteinornamentik am dreigeschossigen Ziegelbau mit hohem Dach und Treppengiebel **Breite Straße 10-12***

47a. Reicher Konsol- und Füllbrettschmuck

*46. „Slatka Dorada" („Süße Langeweile") von Kai Lölke, **Friedrichswall***

*48. Grotehaus, Familienwappen Grote und zwei lebensgroße Kaufmannsfiguren von Stölzer (1935) und Ludwig Vierthaler (1949), **Breite Straße 10-12***

49. Andachtsbild der sogenannte „Siebenmännerstein“. Die sieben Männer ließen vermutlich ihr Leben im Kampf für Hannover. Die Inschrift von 1480 besagt: „Ihr Reichen und Armen, laßt Euch diesen Tod erbarmen.“ Es handelt sich hier um einen Abguss, das Original befindet sich im Historischen Museum.
An der
Aegidienkirche

*51. „Demut“ von Kurt Lehmann, 1960, in der **Kirchenruine**.*

*50. Ruine der ehem. **ev.-luth. Aegidienkirche**, ab 1347 erbaut, 1703-17 Westfassade und 1943 zerstört, seit 1946 Mahnmal für alle Opfer der Gewalt im Krieg. Erhalten sind der barocke Turmstumpf mit Glockenspiel und die gotischen Außenmauern.*
Breite Straße

*52. Friedensglocke, 1985 von der Partnerstadt Hiroshima gestiftet, **im Glockenturm der Kirche***

53. Lutherhaus, 1925 von Paul Brandes errichtet, über dem 1. Obergeschoss stehen Persönlichkeiten der Diakonie, figürlicher Schmuck am Eingang: Der Schäfer steht für den Glauben, die Mutter für die Liebe, ***Ebhardtstraße 3a***

54. „Stahlrelief" von Erich Hauser 1965, ***am Kubus Theodor Lessing-Platz 1***

55. Aus der Gruppe der Kontaktkunst 1971, „ohne Namen" von Otto Almstadt, ***Theodor Lessing Platz***

56. Blätterbrunnen, 1987, von Emil Cimiotti, im Hof der Landeszentralbank ***Baringstraße***

rechts: 57. Kachelmosaik der 1960-er Jahre, ***Osterstraße 41***

rechts: 58. „Der Malkasten" von Hans Petersen, am Haus ***Osterstraße 36***

59. Relieftafeln, 1958 von Siegfried Zimmermann für das ehemalige Druckereihaus Jänicke geschaffen. Das Haus war 1943 durch Bomben zerstört worden. ***Osterstraße 22***

60. „Windrose", 1950 mit Entfernungen zu Städten in aller Welt angelegt,
Passerelle am Kröpcke

61. Der viel bestaunte „Musizierende Strassengully". In der Tat, aus dem GULLY am Anfang der **Bahnhofstraße** vor der Apotheke kommt flotte Musik.

62. Eine Steward-Johnson-Figur, aufgestellt von 2000 bis August 2002, die sehr ernst genommen wird.
Bahnhofplatz

63. „Nessi" von Stefan Schwerdtfeger und Dieter Heisig 1977,
Passerelle, unter dem Bahnhof

2. Spaziergang

1. *Ständehausbrunnen oder Blätterbrunnen, Bronze, von Emil Cimiotti 1974,*
Karmarschstraße

3. *„Anemokinetisches Objekt III", Edelstahl, von Hein Sinken 1974,*
Karmarschstraße 30

2. *EXPO-Uhr. Sie läuft nach der EXPO 2000 weiter.*
Karmarschstraße

5. *„Samariter", Bronze, von Hermann Scheuernstuhl 1952, am Barmenia-Versicherungsbau*
Schmiedestraße 4

4. *„Spielende Kinder" von Kurt Lehmann 1955,* ***Grupenstraße***

6. *„Makrokern 1290" von Karl Ludwig Schmalz 1971,*
Karmarschstraße/
Ecke Schmiedestraße 40

7. Markt-, Hase- oder Wunschbrunnen von Conrad Wilhelm Hase 1881. 113 Bürger der Stadt sorgten mit Spenden für die Realisierung dieses Brunnens. Die Figuren der Fisch- und Blumenfrau schuf Wilhelm von Engelhard. ***Hanns-Lilje-Platz***

8. Sonnenuhr an der Marktkirche 1555. Sie zeigt die Gebetsstunden an. ***Hanns-Lilje-Platz***

Marktkirche

Der heutige gotische Bau – eine dreischiffige, fünfjochige Hallenkirche mit drei nebeneinander angeordneten Apsiden – wurde um 1300 begonnen. Der Chor war 1342 fertiggestellt, der Westturm 1366, das Langhaus 1387/88. Die Marktkirche wurde 1943 stark beschädigt und brannte aus. Bereits 1946 begann der modernisierende Wiederaufbau durch den Architekten Dieter Oesterlen. 1952 konnte die wiederhergestellte Kirche der Gemeinde übergeben werden. Als wichtigster Kirchenbau Hannovers ist die Marktkirche ein Ort internationaler Begegnungen, geistigen Schaffens und hochwertiger Kirchenmusik.
Die 1954 eingebaute Orgel der Firmen von Beckerath aus Hamburg und Hammer aus Hannover besitzt vier Manuale, zwei Pedalen und 52 Register.

9. *Haupt- bzw. Westportal der **Marktkirche St. Georgii und Jakobi**. Die Außentür von Gerhard Marcks erinnert mit seinen Bildern an die Schrecken der Hitlerzeit. Marcks betitelte seine Tür „Zwietracht und Eintracht“. Über allem steht der vergebende, segnende Christus. Die Tür wurde der Kirche 1959 von der Stadt Hannover geschenkt.*

10. *Die Innenseite der linken Tür: „Wohl den Menschen, die Dich für die Stärke halten und von Herzen nachwandeln.“*

„Johannes“

„Matthäus“

„Markus“

„Lukas“

11. *Griffe an der Innentür der **Marktkirche** von Kurt Lehmann. Sie stellen die vier Evangelisten dar.*

12. *Neidkopf: Steinerner Fratzenkopf aus dem 15. Jahrhundert,*
***Altes Rathaus**, südliche Fassade*

14. *Altes Rathaus, gotischer Backsteinbau, begonnen um 1230 und mehrfach erweitert und umgebaut, im 19. Jahrhundert vereinheitlicht. Zuletzt 1890/91 von Conrad Wilhelm Hase eingehend restauriert und zum heutigen geschlossenen Block gestaltet. Terrakottafries rundum zwischen den Hauptgeschossen mit 61 Figuren und Wappenbildern aus dem 15. Jahrhundert,*
Karmarschstraße

links und oben: 13. Rathausapotheke, 1889-91 von Stadtbauinspektor Paul August Rowald (1850-1920) errichtet, Figuren: Äskulap und Hygieia von Bernhard Wessel, ***Karmarschstraße 44***

15. „Diamant II", Plexiglas und Eisen, von Sanford Wurmfeld 1972, ***Karmarschstraße*** *vor der Stadtsparkasse*

16. Bückeburger Marktfrau „Caroline Duhnsen" von Hans Jürgen Zimmermann, 1999. Sie trug 40 Jahre lang ihre Ware in der Kiepe zum Verkauf in der Markthalle. Vor dem Seiteneingang der ***Markthalle***

17. *Krameramtswappen am Krameramtshaus, 1891 am Neubau der Markthalle angebracht, heute in der* ***U-Bahnstation „Markthalle"***

18. u. 19. *„Die Göttinger Sieben" von Florian Bodini, aufgestellt 1998. Sieben Professoren aus Göttingen stellten sich 1837 gegen den Machtanspruch des Königs Ernst-August von Hannover, der die Landesverfassung außerKraft setzte, weil sie den Staat über die Monarchie setzte.* ***Auf dem Platz der Göttinger Sieben .***

20. Fahnenhalter am Landtag, 1962 angefertigt, „Windgötter" von Jürgen Weber, „Sturm-, Regen- und Sonnenwind". Die Fahnen werden gehisst, wenn der Landtag zusammentritt.
Hinrich-Wilhelm-Kopf-Platz/Leinstraße

21a. „Schlossbrunnen", klassizistische Anlage aus Kelch auf Sockel im achteckigen Becken, 1828-1914 auf dem Neustädter Markt, danach am Clevertor und seit 1955 mit verändertem Kelch hier auf dem ***Hinrich-Wilhelm-Kopf-Platz*** *aufgestellt.*

21b. Niedersächsischer Landtag. 1826 ergänzte Georg Luwig Friedrich Laves (1788-1864) das ehemalige Leineschloss aus dem 17. und 18. Jahrhundert mit einem klassizistischen Portikus. Im Zweiten Weltkrieg wurde das Schloss durch Bombeneinwirkung stark beschädigt. 1962 erfolgte der Wiederaufbau durch Dieter Oesterlen mit neuem Plenarsaal. Der heutige Landtag beherbergt – mit Unterbrechung – die Landesregierung seit 350 Jahren.
Hinrich-Wilhelm-Kopf-Platz

22. *„Der Tänzer" von Kurt Lehmann 1962,*
im ***Atrium des Landtags***

23. *„Richtungen" (Wegkreuzungen) von Gerhard Winner in der* ***Portikushalle des Landtags****.*

24. *„Haus Nicolai", Fassade mit wiederverwendeten Resten des „Hauses der Väter", das im 17. Jahrhundert an anderer Stelle in der Leinstraße und 1852-1943 an der Langen Laube entstand. Die Abbildungen zeigen den Torbogen und Geschossfries.*
Leinstraße 33

25. *„Der Fuß" von Arno Breker. Dieser Fuß wurde im einem Steinbruch gefunden, in dem der Bildhauer des „Dritten Reichs" Monumente für die Zeit nach dem „Endsieg", d. h. dem vermeintlichen Sieg Adolf Hitlers im Zweiten Weltkriegs, herstellen ließ.*
Burgstraße vor der Kneipe „Barfuß".

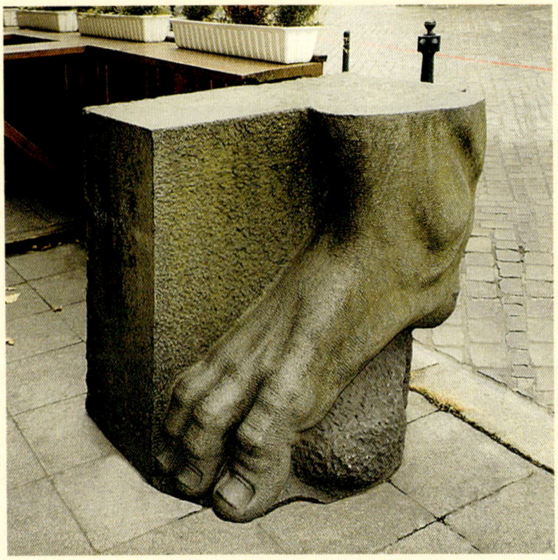

28. Historisches Museum, 1963-66 nach Plänen von Dieter Oesterlen errichtet, mit dem „anemokinetischen Objekt I" (Edelstahl) von Hein Sinken, 1970, vor dem Eingang, ***Pferdestraße 1***

27. „Leibnizhaus", 1652, Nachbildung der Fassade des Wohnhauses, das sich ehemals in der Schmiedestraße befand und im Zweiten Weltkrieg zerstört wurde. Heute nach dem Wiederaufbau (1980-83) dient das Haus als Gästehaus und Begegnungsstätte den hannoverschen Hochschulen. Am ***Holzmarkt 4***

26. Der Oskar-Winter-Brunnen von 1896 wurde aus Anlass des 100-jährigen Bestehens eines ***am Holzmarkt*** *ansässigen Unternehmens gestiftet. Die Figur des Schmieds, ursprünglich von Karl Gundlach gestaltet, wurde im Zweiten Weltkrieg eingeschmolzen und 1954 von A. F. Sötebier neu geschaffen.*

29. ***Burgstraße*** *mit ihren alten, nach dem Zweiten Weltkrieg hier her versetzten Fachwerkfassaden. Von den ursprünglich über 1600 Fachwerkhäusern Hannovers wurden lediglich 32 im Zweiten Weltkrieg nicht zerstört.*

30. Klassischer Helmschmuck auf dem „Neuen Tor" zur Schlossstraße, das 1782 an der heutigen Waterloostraße errichtet, 1833 südlich versetzt wurde und 1961 an den heutigen Standort kam.
Am Flohmarkt

oben: 32. Balkongitter am ehemaligen herzoglichen Zeughaus, 1643-49. Hinter der alten Mauer befindet sich heute das Historische Museum.
Am Hohen Ufer

links: 31. Leinebrücke **hinter dem Landtag** mit Kandelabern, von Hieronimo Sartorio, der auch 1686 die Brücke erbaute.

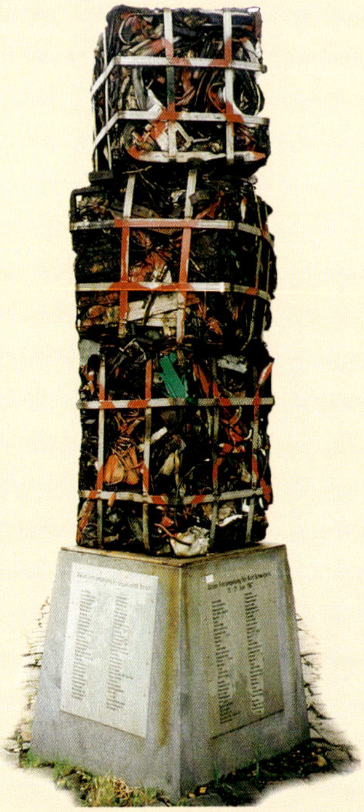

33. „Leineentrümplung" von Janos Nadasdy 1981-1987. Das Kunstwerk ist ein Mahnmal gegen die Verschmutzung der Leine.
Am Hohen Ufer

34. „Mann mit Pferd" von Hermann Scheuernstuhl 1957. An dieser Stelle befand sich früher die Pferdeschwemme.
Am Hohen Ufer

35. „Marstalltor" von Louis Remy de la Fosse 1714, Portal des ehemaligen Reithauses (1945 nach Schäden abgebrochen) mit Staatswappen König Georgs I. und seitlichem Löwen und Einhorn, ***Rossmühle/Hohes Ufer***

37a. Aquamobil und Ballhofgebäude im Hintergrund. Das Gebäude wurde 1649 als Sporthalle gebaut und 1938 als Heim für die Hitler-Jugend ausgebaut. Nach langjähriger Nutzung als Schauspielhaus dient es, nachdem das Theater die neuen Räume in der Prinzenstraße bezogen hat, heute als das „Kleine Haus". ***Ballhofplatz***

rechts: 36. Eine Assoziation ohne Namen, von Jürgen Friede, ***Ballhofplatz***

37. Aquamobil von Helmut-Otto Schön 1975, und Turm der Kreuzkirche im Hintergrund. Die ***ev. luth. Kreuzkirche*** *ist die älteste Kirche Hannovers (1320-33, 1560, 1652-60). Den Passionsaltar schuf Lucas Cranach d.Ä.* ***Ballhofplatz***

38. *Duvekapelle von 1655 an der Südostseite der gotischen* ***ev. luth. Kreuzkirche****, eingeschossiger Sandsteinbau mit kupfernem Pyramidendach, benannt nach dem Ratsherren Johann Duve.*

39. *Lichtspirale, Edelstahl, von Christian Weise 1971,* ***hinter der Kreuzkirche***

40. *Gedicht von Kurt Schwitters, Bronze, von Siegfried Neuenhausen, auf dem Pflaster der* ***Knochenhauerstraße*** *„den Hannoveranern zu Füßen gelegt" am 20.06.1987*

41. *„Stahlplastik 1965" von Hans Uhlmann,* ***Schmiedestraße***

oben links: 42. Der „Gehry Tower" am Steintor von Frank Owen Gehry, der 1929 in Toronto (Kananda) geboren wurde und zu den bedeutendsten Architekten des ausgehenden 20. und frühen 21. Jahrhunderts gehört. Der Tower wurde als Büro- und Verwaltungsgebäude mit Edelstahlfassade 2000-01 errichtet.
Goethestraße

oben rechts: 43. „Gänselieselbrunnen" von Carl Dopmeyer 1898, einst der älteste Brunnen der Stadt. Das Motiv erinnert an die „Goseriede" (Gänsegraben). Der Brunnen steht seit 1984 am Steintor.
Steintorplatz

links: 44. Anzeiger-Hochhaus, 1927/28 nach Plänen von Fritz Höger für den Verleger der HAZ August Madsack erbaut. Heute ist es Medienzentrum für Radio und Fernsehen. Es handelt sich um einen zehngeschossigen Skelettbau, dessen Klinkerverkleidung und keilförmige Wandvorlagen dem Bauwerk seinen expressionistischen Charakter verleiht. Das Gebäude zählt neben dem Chilehaus in Hamburg (1922/23 ebenfalls von Höger) zu den bekanntesten Beispielen des norddeutschen Backsteinexpressionismus. Unter der kupfergedeckten Kuppel, die ursprünglich ein Planetarium aufnahm, befindet sich das Hochhauskino.
Goseriede 9

45. „Busstop" 1993/94, von Alessandro Mendini, die farbenfrohe und futuristische Haltestelle am Steintor
Kurt-Schumacher-Straße

oben: 46. „Stehende Figur", Bronze von Fritz Wotruba 1970, stand früher an der Kreuzkirche,
Nordmannpassage

47. St. Georg im Kampf mit dem Drachen von Werner Hantelmann über dem Passageneingang des Fugeschen Hauses. Die Georgspassage ist der Rest eines pompösen historistischen Geschäftshauses im Frührenaissancestil, das 1900-01 von dem Architekten Hermann Schaedtler (1857-1931) errichtet wurde. Die Passage wurde im Zweiten Weltkrieg zerstört. Ihre Attraktion war ein Restaurant mit Automatenbedienung. Für einen Groschen erhielt man ein belegtes Brötchen oder 1 Glas Bier aus dem Automaten. Aber auch andere Automaten waren für die Volksbelustigung aufgestellt. ***Georgstraße 10***

48. „Boogside"
von Hans-Jürgen Breuste 1978-81.
Eine aus Arno Brekers Werkstatt stammende und in der Kiesgrube gefundene Faust, die der Künstler mit Stahlbändern gesichert hat. Inschrift: „Fighting for our civil right"!
Osterstraße vor Sinn & Leffert

3. Spaziergang:
Rathaus - Maschpark

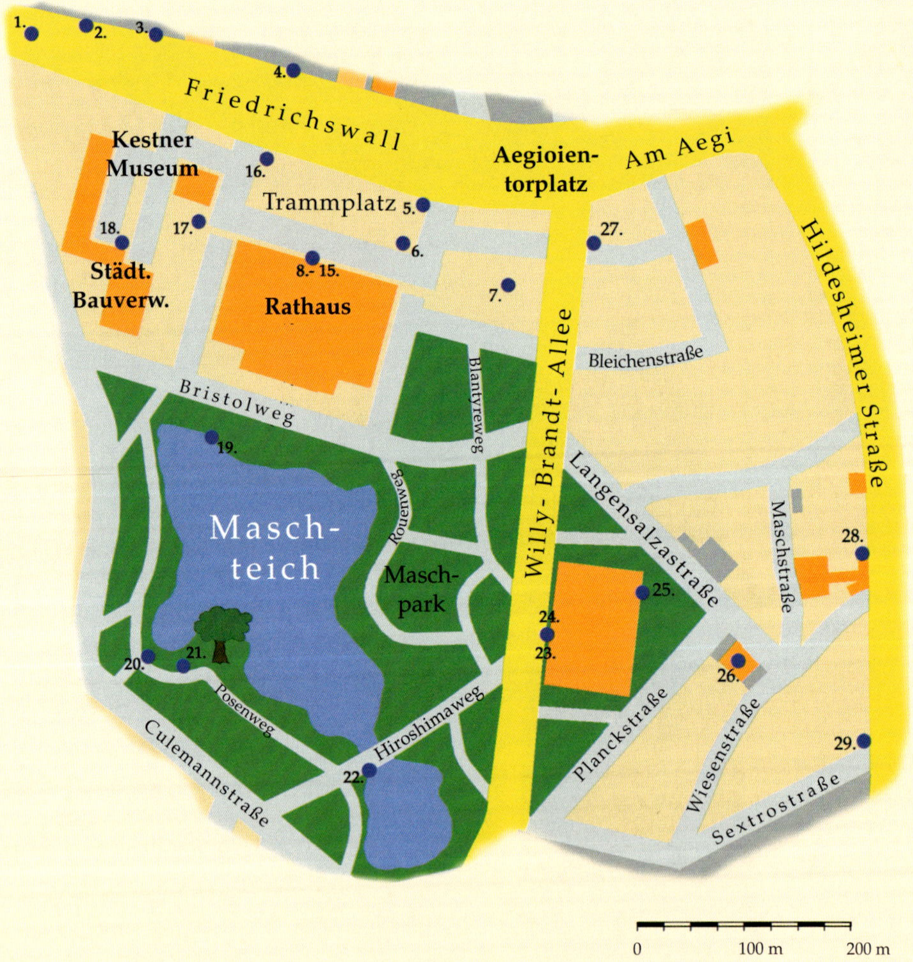

1. *Busstop „Boot" in futuristischen Formen am* ***Friedrichswall*** *von Massimo Iosa Ghini 1993/94*

2. *Wangenheimpalais von Georg Ludwig Friedrich Laves 1883. Größter klassizistischer Privatbau Hannovers, 1953 nach Kriegszerstörung Wiederaufbau, heute Wirtschaftsministerium,* ***Friedrichswall 1***

3. *Laveshaus 1822-24. Der Architekt Georg Luwig Friedrich Laves (1788-1864) errichtete das Gebäude als sein Wohnhaus. Es ist ein herausragendes Beispiel klassizistischer Bürgerhausarchitektur. Heute ist es Sitz der Architektenkammer.*
Friedrichswall 5

4. *Strukturelle Ornamente, Reliefplastik (Beton) von Werner Schreib, am* ***Hotel Maritim***

5. *„Bogenschütze", Bronze, von Ernst Moritz Geyger 1939, seit 1961 auf dem* ***Trammplatz***

6. *„Bahlsenbrunnen" von Ludger Gerdes 1996,* ***Trammplatz***

7. „Außenobjekt Hannover", Corten- und Nirostahl, von Hans Breder. Die drei Spiegelplastiken wurden 1971 vor dem Kubus aufgestellt und kamen 1973 in den ***Maschpark.***

8. ***Neues Rathaus****, von Hermann Eggert im Stil der Neorenaissance bis 1913 erbaut. Inneres teilweise im Jugendstil von Gustav Halmhuber. Wegen des morastigen Untergrunds steht es auf 6000 Buchenpfählen. Ein Fahrstuhl fährt schräg in die ca. 100 m hohe Kuppel. In der Halle stehen vier Stadtmodelle von 1869 bis heute. Im Zweiten Weltkrieg wurde das Rathaus stark beschädigt. Bis heute ist es Sitz des Rats und des Oberbürgermeisters.*

9. Wächterlöwen von August Waterbeck 1913, am Eingang des ***Neuen Rathauses****.*

10. Mittelfront des ***Neuen Rathaus*** *mit Löwen und Niedersachsenross, über dem Balkon rechts die Hannovera und links die Germania des Bildhauers August Waterbeck.*

12. *Schmiedeeisernes Portal,* ***Neues Rathaus***

11. *Ratslaube oder Bürgermeisterbalkon, Deckenmosaik*

13. *Portalgitter mit Jugendstilornamentik, ausgeführt durch den Bildhauer Bredow, im Mittelportal die Darstellung des St. Georg, dem Schutzheiligen Hannovers, flankiert von den allegorischen Darstellungen der Gerechtigkeit und Eintracht,* ***Neues Rathaus***

14. *Jugendstildekoration von Richard Schlösser mit Goldmosaikbögen, Thema: Geselligkeit, 1. Stock,* ***Neues Rathaus***

14a. *Monumentalgemälde von Ferdinand Hodler (1853-1918) im* ***Hodlersaal des Neuen Rathauses****. Das Gemälde „Einmütigkeit" stellt das Bekenntnis der Bürger zur Reformation 1533 dar. Der Saal wurde 1981 von Thilo Mucke für öffentliche Sitzungen erneuert.*

15. *Westlicher Turm, Detail mit Neorenaissanceformen,* ***Neues Rathaus***

19. *„Ägäis", Bronze, 1965 von Toni Stadler angefertigt, 1966 vor dem Kubus aufgestellt und seit 1969 im* ***Maschteich***

16. *„Großer verletzter Kopf", Bronze, von Reiner Kriester 1981/82, vor dem* ***Kestnermuseum***

17. *„Die große Familie", schwarzer Granit, achtteilig, von Eugen Dodeigne, neben dem* ***Museum***

18. *Britisch-hannoversches Königswappen der Garde-du-Corps-Kaserne von 1738, nach dem Zweiten Weltkrieg am Portal der Bauverwaltung angebracht. Die Kaserne stand am Königsworther Platz. Nur das Wappen ist noch erhalten.* ***Friedrichswall 4***

20. Trip-Brunnen-Denkmal von Georg Herting 1907, Figuren: Wiese und Blumen, Baum und Busch, im Krieg stark beschädigt. Das heutige Denkmal ist der Rest des Brunnens, den der Bildhauer Herting (1872-1951) für den Stadtgartendirektor Julius Trip, der den heutigen Maschpark angelegt hatte, erbaute.
Im ***Maschpark***

22. Der Weg zum Landesmuseum. ***Brücke****, Anfang des 20. Jahrhunderts, mit Blick zum Neuen Rathaus.*

23. Niedersächsisches Landesmuseum von Hubert Stier 1897-1902, mit den Abteilungen: Völker- und Naturkunde, Urgeschichte, Malerei und Plastik, Kirchenkunst und Aquarium.
Willy- Brandt -Allee 5

21. „Glenkiln Cross" (Schottisches Kreuz) von Henry Moor 1960,
im Maschpark

24. Hauptfassade des ***Niedersächsischen Landesmuseums*** *im Stil der Neorenaissance. Über dem Portal: Sphinx mit Leben und Tod von Georg Herting. Die Frauengestalten an den beiden Eckrisaliten schuf Georg Künsthardt: „Kunst" (links), darunter „Skulptur" und „Malerei", sowie „Wissenschaft" (rechts) mit „Erdkunde" und „Anthropologie". Die acht der insgesamt zehn Relieftafeln, die „die Entwicklung der Menschheit und der sie treibenden Kräfte" darstellen, stammen von Karl Gundelach.*

25. Wotan-Denkmal von Wilhelm Engelhard 1888. „Wotan" = Gottheit der nordischen Mythologie und der Ordner der Weltgeschichte ist mit seinen zwei Raben Hugium und Manium, seinen zwei Wölfen Geri und Freki sowie dem Speer Gungnier dargestellt. Hinter dem ***Landesmuseum***

unten: 29. Das „Gröne Hus" von Karl Börgemann 1899 für den Kaufmann Simon gebaut. Mit Formsteinen, grün glasierten Kacheln und Ziegeln.
Sextrostraße 1

26. Seiteneingang der Wilhelm-Raabe-Schule (ursprünglich Kgl. Hofschule), heute Mädchenoberschule, dekorative Bauplastik des Historismus mit Jugendstilornamentik (kurz nach 1900),
Langensalzastraße 24

28. Begegnung, Bronze, von Waldemar Otto,
Hildesheimer Straße 20

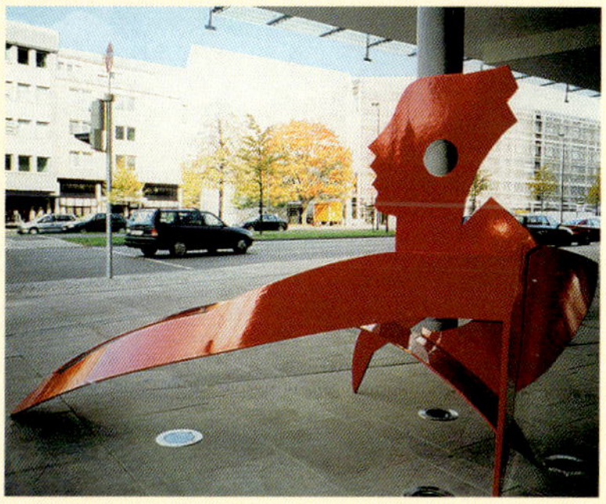

27. „Prima Vera" - „Der Frühling" von Allan Johns 2000,
vor der Nord LB, am Aegi

4. Spaziergang:
Calenberger Neustadt

1. „Avenue K", Aluminiumstangen, von Kenneth Snelson 1970, ***Leibnizufer, Skulpturenmeile Nr. 1***

2. Der Sämann- oder Duvebrunnen von Georg Herting, 1916 für den Neustädter Marktplatz geschaffen, 1953 in vereinfachter Form ohne Putten, auf verjüngtem Sockel und mit der von Kurt Lehmann abgeflachten Schale und Figuren am Sockel ***auf dem Mittelstreifen des Leibnizufers*** *aufgestellt.*

3. „Nanas" von Niki de Saint Phalle (Paris) 1974. Mit ihrem umstrittenen Kauf endete zunächst das Experiment „Straßenkunst". Die Nanas – zunächst von der breiten Bevölkerung ablehnend aufgenommen – wurden inzwischen von den Hannoveranern ins Herz geschlossen. Sie gehören zu der Aktion ***Skulpturenmeile Nr. 2 am Leibnizufer****.*

4. „Deus ex Machina", bemaltes Eisen, von Bernhard Heiliger 1985, ***Skulpturenmeile Nr. 3, Leibnizufer***

5. „Die Umschauende", Bronze, von Kurt Lehmann 1957, ***Leibnizufer/Ecke Clemensstraße***

6. „Tischbrunnen" von Max Sauk 1974, auf dem ***Neustädter Marktplatz.*** *Aus diesem Brunnen kann bei besonderen Anlässen auch Bier fließen.*

7. Der Wünschestein oder Aktionsstein, von Wilfried Behre in Verbindung mit Schulkindern 1996 geschaffen. Die Skulptur enthält ein Kästchen mit vielen von Kindern und Erwachsenen beschriebenen Wunschzetteln.
Neustädter Marktplatz

8. ***Neustädter Hof- und Stadtkirche St. Johannis,*** *1666-70 als Predigt- und Andachtskirche mit Doppelempore und Kanzelaltar erbaut, Turm von 1691-1700. Die 1943 zerstörte Kirche wurde 1958 außen nach dem Zustand von 1872 wieder hergestellt, innen aber völlig neu gestaltet. Es gab eine große Orgelempore mit Platz für Chor und Orchester. 1994 wiederum Umbau des Inneren mit Annäherung an die alte Barockfassung.* ***Rote Reihe***

8a. Neustädter Kirche Ostseite: Brüstungsfelder mit Frucht- und Blumengirlanden.

9. „Das Abendmahl", Anröcher Dolomit, von Rudolf Kaiser, ***Neustädter Kirchhof***

10. Gedenkstätte, von Professor Stefan Schwerdtfeger 1993, Erinnerung an die hier 1938 in der Reichspogromnacht zerstörte Synagoge, die nicht wieder aufgebaut wurde. ***Rote Reihe***

11b. „Die Bergpredigt" in der Seitentür der ***Clemenskirche,*** *am Hauptportal die „Wiederkunft Christi", beide von Heinrich Gerhard Bücker 1984*

11a. ***Clemenskirche****, kath. Probsteikirche, Kreuzkuppelkirche in venezianischem Barock, 1711-18 von Tommaso Giusti für die kath. Gemeinde errichtet. Nach ihrer Zerstörung 1943 wurde im Zuge des Wiederaufbaus (1953) die heutige kupfergedeckte Kuppel errichtet. Vier überlebensgroße Heiligen-Sandsteinfiguren (Kaiser Heinrich II., Elisabeth von Thüringen, Hedwig Schutzpatronin von Schlesien und Papst Clemens Romanus) von Kurt Schwippert stehen seit 1966 auf der Attika. Die Bronzetüren von Bücker zeigen Darstellungen aus der Offenbarung Johannes.* ***Goethestraße***

13. *Mädchen im Regen, von Kurt Lehmann 1955,* ***Rosmarinhof/Spielplatz***

12. *Gemeindehaus der Neustädter Kirche,* ***Rosmarinhof 3***

14. u. 15. *Keramische Bauplastik in traditioneller Form des „Klinkerexpressionismus" am Friederikenstift, erbaut 1928/29 nach Entwurf Paul Brandes,* ***Humboldtstraße 5***

16. *„Windspiel" von A. Klein. An der Fachhochschule für Verwaltung und Rechtspflege,* ***Wielandstraße***

17. *„Große Begehbare", 1976, von Volker Gerlach, Edelstahlplastik,* ***Peter Fechter-Ufer***

18. *Von dem 1903 durch den Grafen von Kielmansegg gebauten Haus ist nach der Zerstörung im Krieg nur noch das Wappen und die Ornamentik am Turm, dessen Spitze nicht wieder aufgebaut wurde, übriggeblieben,* ***Calenberger Straße 27***

19. *Im Portal mit Dreiecksgiebel auf Konsolen ein bärtiger Kriegerkopf im Giebelfeld, gebaut 1902 durch der Grafen von Kielmansegg. Nach Kriegszerstörung neu errichtet,* ***Calenberger Straße 24***

20. *Judenmahnmal an der BBS III (Berufsbildende Schule) in der* ***Ohestraße 3****, wo bis 1942 eine jüdische Sozialeinrichtung stand.*

5. Spaziergang: Waterloostraße

1. *Fußgängerüberweg über die Leine und den Wasserfall,* ***Karmarschstraße/Friederikenkreisel***

2a. *Satyrkopf an der südlichen Wand der Leinewehr von dem Bildhauer Carl Dopmeyer, Ende 19. Jahrhundert,* ***Karmarschstraße/Friederikenkreisel***

2b. *„Fünf Flussgötter am Leinewehr", von Carl Dopmeyer. Bis 1963 stand an dieser Stelle die „Flusswasserkunst", 1896-98 von Hubert Stier in Stil der deutschen Renaissance errichtet, ein repräsentatives Wasserwerk mit Wasserturm. In dem Bau standen die Pumpen, die die Brunnen der Innenstadt mit Leinewasser versorgten. 1963 abgerissen, übernahm Dieter Oesterlen die Flussgötterköpfe für den Neubau.* ***Karmarschstraße/Friederikenkreisel***

3. *Drei Wappensteine von 1612, 1670 und 1864 am Tunnelanfang zur* ***Culemannstraße/Friederikenkreisel****. Die drei Steine gehörten früher zur Klickmühle. Sie war die älteste Mühle der Stadt Hannover. Der Nachfolgebau war die nach dem Krieg abgerissene Wasserkunst von Hubert Stier (siehe Nr. 2).*

4a. *Achteckiges Sieltürmchen „Bähre" auf 20 m langer Ufermauer mit Stadtwappen, Bauinschrift und Hochwassermarken von 1588-1783, Teil der ehemaligen Stadtbefestigung, eine Barriere zwischen Leine und einstigem Stadtgraben zur Regulierung von dessen Wasserstand, einziger erhaltener Rest der wasserbautechnischen Einrichtung, zwischen* ***Culemannstraße*** *und* ***Hannah-Arendt-Weg***

4b. „Ile de France“ von Berto Lardera 1967, **Culemannstraße**

5. „Der Wächter“, von Kurt Lehmann 1955, vor der **Oberfinanzdirektion**

6a. Motiv aus der Kaiserzeit: „Die Polizei“, Relief des Bildhauers W. Stephan, Polizeidirektion, erbaut 1900-03, **Waterloostraße**

6b. Portal an der Polizeidirektion, 1900-03 im neobarocken Stil von Kieschke erbaut, **Waterloostraße**

7. *„Menschen im Aufbruch" von Bernd Altenstein 1982, vor dem Neubau der Oberfinanzdirektion,* ***Waterloostraße***

8. *„Der Denker" von Sydney Lison Lundu, „Kunstprojekt Balance" von Künstlern aller Partnerstädte Hannovers, auf dem Hof der Internationalen Schule,* ***Bruchmeister Allee***

9. *„Die öffentliche Rose" von Ralf Szymanski 1971, vor dem Gebäude der Bezirksregierung, am* ***Waterlooplatz 11***

10a,b. Begehbare Kreise von Ansgar Nierhoff, an der ***Bezirksregierung***

11. Waterloosäule von G. L. F. Laves, 1832 eingeweiht. Die Figur der Siegesgöttin „Victoria" nach Entwurf von August Hengst, am Sockel Namenslisten der Gefallenen und erbeutete Kanonenrohre. Inschrift: Den Helden von Waterloo, das dankbare Vaterland! Auf dem ***Waterlooplatz****. Der Platz entstand 1828-30 nach Planung von Laves als neuer Paradeplatz*

12. *„Stele" von Peter Lechelt, auf dem* ***Waterlooplatz***

13. *Glockenturm der reformierten Kirche. Die Kirche wurde 1896-98 nach Plänen von Hubert Stier für die reformierte Gemeinde erbaut, 1943 von einer Bombe zerstört und 1960 unter Leitung von Dieter Oesterlen ohne die Turmspitze wieder aufgebaut.* ***Archivstraße***

14. *Grabstein für Georg Frhr. von Baring (1773-1848), der als Hannoverscher Offizier mit General von Alten bei Waterloo kämpfte. Der Stein wurde 1972 aus Wiesbaden hierher versetzt. am* ***Archiv***

15a. Denkmal des Generals Graf Carl von Alten (1764-1840). Er hatte unter Wellington in der Schlacht bei Waterloo maßgeblichen Anteil am Sieg über Napoleon. Seine Gebeine liegen unter dem Turm der Neustädter Kirche. Das Denkmal, erbaut von Heinrich Kümmel, steht seit 1849 vor dem ***Staatsarchiv****.*

15b. ***Staatsarchiv,*** *wahrscheinlich von J.C. Borchmann und Brand Westermann 1713-21 erbaut und 1889-93 um ein Geschoss im neobarocken Stil erhöht sowie zur T-förmigen Anlage mit prunkvollem Giebel erweitert. Das Wappen an der Nordseite ist das englisch-hannoversche Wappen mit Löwe und Einhorn.*

6. Spaziergang:
Rund um den Maschsee

Der Maschsee ist ein künstlicher See. Als 1929 der Kurssturz an der New Yorker Börse die Weltwirtschaftskrise auslöste, waren auch viele Hannoveraner arbeitslos. Die Nationalsozialisten nutzten die Zeit, einen alten Plan in die Wirklichkeit umzusetzen. In den Jahren 1934-1936 wurde das 2,5 km lange und 560 m breite Gebiet in der Leineaue eingedeicht, mit Wällen umgeben und mit einer Tonschicht abgedichtet, so dass eine Wanne entstand. Ein Pumpwerk flutete das Becken. Mauern und Deiche trennten den entstandenen See vom Wassergewinnungsland an der Leine und Ihme. So entstand auf einem Überschwemmungsgebiet in Handarbeit mit Hacke und Schaufel für geringen Lohn das heute beliebte Naherholungsziel der Hannoveraner. Der westliche Teil gehört ganz dem Sport und den dazu gehörigen Clubhäusern. Am Nord- und Ostufer finden wir die Promenade mit Restaurants und Kunstwerken. Rund herum kann man skaten, radfahren und laufen. Im Sommerhalbjahr finden um und auf dem See viele Aktivitäten statt. Ständig fahren Schiffe der Üstra. Im Winter ist der See ein Eldorado für Schlittschuhläufer.

6. Spaziergang: Maschsee

1. *„Busstop", von Heike Mühlhaus 1993/94, ein 12 m langer Flügel vor dem* **Sprengelmuseum**

2. *Denkmal für die am 6. April 1945 ermordeten russischen Kreigsgefangenen und Zwangsarbeiter, 1945 von Nikolai Muchna-Koloda aufgestellt.* **Nordufer des Maschsees**

3. *„Fackelträger". Auf 18 m hohem Pfeiler steht eine 4,5 m hohe Bronzefigur von Hermann Scheuernstuhl 1936*

4. *Inschrift am Pfeiler des Fackelträgers: „Wille zum Aufbau gab werkfrohen Händen den Segen der Arbeit – Freude, Gesundheit und Kraft spende fortan Euch der See. 1934-36",* **Nordufer des Maschsees**

5. *„Hellebardier" oder Guadeloupe von Alexander Calder 1972, seit 1978 am* **Maschsee***, vorher vor dem Opernhaus*

6. „Stahlkugelblätter 5/81" von Erich Hauser 1981, vor dem Sprengelmuseum, **Kurt-Schwitters-Platz**

7. „Figur 103" von Rudolf Hoflehner, 1974 im Johanneshof aufgestellt, heute im Werks- oder Arbeitshof des Sprengelmuseums, **Gneiststraße**

8. „Kopffüßler", von Horst Antes 1969, vor dem **Sprengelmuseum**

10. Nana-Haus II von Niki de Saint Phalle, heute im **Sprengelmuseum**

9. „Kajuraho" von Tim Scott (London) 1979, Außenobjekt im **Sprengelmuseum**

11. „Double Conic Constructions in 10 Masens" von David Rabinowitch 1969-70, im kleinen Hof des ***Sprengelmuseums***

12 „Fisch mit reitender Putte" von Hermann Scheuernstuhl, ***Nordufer des Maschsees***

rechts: 13. „Objekt Derry for Silent too long", von Hans-Jürgen Breuste, ***Rudolf-von-Bennigsen-Ufer***

links: 14. Menschenpaar von Georg Kolbe 1939, ***Rudolf-von-Bennigsen-Ufer***

unten: 15. „Löwenpaar" von Arno Breker 1938, ***Bastion am Maschsee***

16. *„Globales Steinband", roter Granit, Objekt der vierteiligen Skulpturengruppe von Wilfried Behre („Ich muß dem Stein die Chance geben, jene Ewigkeit zu zeigen, die in ihm steckt"), Fußweg von der* ***Löwenbastion zum Strandbad***

17. *„Schwimmer", Bronze, von Erich Haberland,* ***im Strandbad***

19. *„Globales Steinband", Objekt der dreiteiligen Skulpturengruppe zwischen Leinefluß und Maschsee, Fußweg von der* ***Maschseequelle zum Ruderklub***

18. *Der Staudengrund, Staudenpflanzung nach Plänen von Piet Oudolf,* ***an der Quelle***

20. *„Säulenplastik", Stahl, von Volkmar Haase, vor dem Bundesleistungszentrum,* ***Wilhelm-Fricke-Weg 2a***

21. *„Staffelläufer", Bronze, von Gerhard Marcks 1956,* ***Wilhelm-Fricke-Weg 8***

22. *Himmelsskulptur oder Vogelkasten? Ein Geschenk Hollands im EXPO-Jahr 2000 an Hannover von Auke de Vries, auf dem* **Stadionberg/Ecke Artur Menge Ufer**

23. *„Speerträger" von Kurt Lehmann, vor dem* **Stadioneingang**

24. *30 m x 7 m großes Keramikmosaik am Stadion von Eduard Bargheer 1963, an der Halle beim* **Nordeingang des Stadions.**

25. *„Gotland Description" 1972 (Holz und Eisen) von Hans-Jürgen Breuste, am* **Stadionbad**

7. Spaziergang:

Südstadt, Döhren, Wülfel, Mittelfeld und Kronsberg

Die Südstadt ist nicht wie die meisten anderen Vororte aus dem Kern eines Dorfes entstanden, sondern von der City aus langsam nach Süden gewachsen. Man kann sagen, es ist fast ein Naherholungsgebiet, bedingt durch den Maschsee und den Engesohder Friedhof, der als künstlerische Gesamtanlage mit seinen großen Bäumen, Hecken und Laubengängen einem Park ähnelt. Die Südstadt ist vor allem nach dem Ersten Weltkrieg enorm gewachsen, denn vorher reichten Wiesen und Felder noch fast bis an den Karl-Peters-Platz, dem heutigen Bertha-von-Suttner-Platz. Der Engesohder Friedhof, 1864 von Droste angelegt, befindet sich auf der ehemaligen Döhrener Feldmark. Im Süden des Bertha-von-Suttner-Platzes lebten Gemüsebauern in kleinen Ziegelhäusern. Ein einziges davon ist noch erhalten.

Während des Zweiten Weltkriegs wurde viel zerstört. Immer wieder begegnen wir dem Datum 8./9. Oktober 1943. Nach dieser Nacht waren 82 % der Häuser Hannovers zerstört, so auch in der Südstadt. Zwischen den Nachkriegsbauten stehen daher nur noch wenige historische Häuser, z. B. das Lessinghaus und das Gröne Hus oder die Klinkerbauten der 1920-er Jahre am Geibel-, Stephans- und Bertha-von-Suttner-Platz. Manche Fassaden sind stilgerecht wieder hergerichtet, doch dahinter kann sich ein modernes Gebäude verbergen. Die Südstadt ist eine gute Wohnlage. Man ist schnell in der City und am Maschsee.

Zwischen der Südstadt und Döhren liegt Waldhausen. Hier gab es einige bemerkenswerte Gebäude, die alle nicht mehr vorhanden sind. Das Haus des Künstlers Kurt Schwitters mit dem Merzbau fiel den Bomben des Zweiten Weltkriegs zum Opfer. Eine Nachbildung des Merzbaus befindet sich im Sprengelmuseum.

Wenn wir unter dem Schnellweg hindurchfahren, sind wir schon in Döhren. 1907 fiel das inzwischen sehr groß gewordene Dorf an die Stadt Hannover. Es war ein kleines Bauerndorf, das sich um die Petrikirche angesiedelt hatte und 1672 erstmals „Döhren" genannt wurde.

Döhren hat eine lange und wechselhafte Geschichte. Ende des Dreißigjährigen Krieges war es durch die plündernden Heerscharen der Schweden fast ausgelöscht. 1810 befahlen die Franzosen den Bau der Hildesheimer Straße (früher noch Chaussee) zwischen Döhrener Turm und Wülfeler Brauerei. 1872 wurde die „Döhrener Wollwäscherei und Kämmerei" gegründet. Die Industrie zog ein und mit ihr kamen die Saisonarbeiter. Sie wurden seßhaft und es entstand eine neue Bevölkerungsschicht. Die Bauernhöfe verschwanden langsam. Felder wurden für den Wohnungsbau gebraucht. Die „Wolle", die auf der Leineinsel 100 Jahre für Lohn und Brot sorgte, gibt es nicht mehr. Sie war nach dem Zweiten Weltkrieg und nach einem Brand nur noch eine Industrieruine und fiel 1973 der Grundstücks-

spekulation zum Opfer. Heute finden wir dort einen modernen Wohnpark, die „gute Stube Döhrens". Eigentlich war Döhren durch die Industrie ein Arbeiterviertel.
1961 wurde das im Krieg beschädigte Herrenhaus des Rittergutes Döhren abgerissen. An der Stelle des Gutes befindet sich der öffentliche „Wiehbergpark". Es bestehen große Parallelen zu Linden. Trotz der starken Beschädigung im Krieg findet man noch einige Häuser aus der Gründerzeit und Jugendstilhäuser, die gut restauriert wurden.
Nach 1945 wuchs die Bevölkerung durch die Flüchtlinge stark an. Es wurde dringend Grund und Boden für den Wohnungsbau gesucht, und die Wahl fiel auf den Döhrener Bruch, ein Gemüse- und bekanntes Spargelgebiet. So entstanden die neuen Stadtteile Mittelfeld und Seelhorst sowie hinter der Messe das EXPO-Gelände.
Die EXPO 2000 ist beendet, geblieben sind einige moderne Pavillons, die inzwischen umfunktioniert wurden. Bis jetzt sind dort ein großes Sportgeschäft, Zweige der Universität und der Fachhochschulen zu finden. Hinter der EXPO entstand ein neues Wohnviertel: der Kronsberg.
Der Kronsberg ist in jeder Hinsicht ein ganz moderner Stadtteil, der nach dem Thema der EXPO „Mensch – Natur – Technik" zukunftweisend gebaut wurde und wird. Die Stadt Hannover übernimmt zusammen mit den dortigen Bewohnern die soziale und ökologische Gestaltung. Die Menschen eines ganzen Stadtteils leben in Niedrig-Energie-Häusern. Eine große Rolle spielt in diesem Stadtteil das Wasser, das als städtebauliches Gestaltungs- und Erlebniselement genutzt wird. Es sorgt für ein gesundes Klima und wirkt temperaturausgleichend. So findet man überall kleine Wasserfälle und Teiche, mit Natursteinen eingefriedet, zwischen den Häusern. Auch das künstlerische Ambiente steht unter der technisch-ökologischen Vorgabe. Auf jeden Fall lohnt sich hier ein Extra-Spaziergang. Zum Schluss sollten Sie bei den Herrmannsdorfer Landwerkstätten einkehren, denn dort gibt es „Öko" pur. Auch hier ist die Wasserver- und entsorgung so umweltschonend wie möglich gebaut.

7. Spaziergang: Südstadt, Döhren, Mittelfeld und Kronsberg

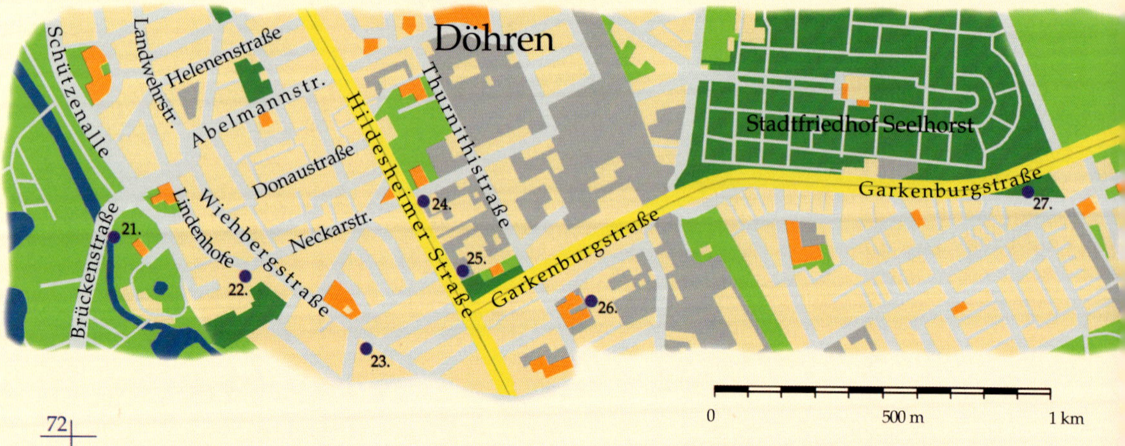

Messe – Expo –Kronsberg

Wohngebiet Kronsberg Detailzeichnung

2. *Struckmeierbrunnen mit Relief eines Kinderreigens, von Roland Engelhard 1911,* ***Sallstraße/Ecke Kleine Düvelstraße***

1. *Lessinghaus, um 1900 im neobarocken Stil erbaut,* ***Stolzestraße 40***

3. *Zwei Zwergesel, Bronze, von Ernemann F. Sander,* ***Krausenstraße/ Ecke Schlägerstraße***

4. *„Constructabrunnen" von Konstantin Gutschow 1962, Emailarbeiten von Goldschmied Theodor Blume* ***Hildesheimer-/Ecke Krausenstraße***

5. *„Der schöne Brunnen" von Hans Jürgen Breuste,* ***Hildesheimer Straße/Ecke Freytagstraße***

6. *Reliefsäule, gebr. Ton, von Siegfried Neuenhausen mit 11 Senioren des Altenzentrums,* ***Geibelstraße 90***

8. *Pylon im Jugendstil an der Eisenbahnbrücke, entworfen 1906 von der Königlichen Eisenbahndirektion,* ***Altenbekener Damm/Lindemannallee***

7. *Karl-Peters-Denkmal – ein umstrittenes Denkmal. Es wurde 1935 von den Nationalsozialisten errichtet und stand für die Verherrlichung des Kolonialismus und des Herrenmenschentums. Karl Peters war Pastorensohn und ging Anfang des 20. Jahrhunderts nach Ost-Afrika, um dort Kolonien zu erwerben. Über die Beschaffungsmoral war man sich nach dem Zweitem Weltkrieg nicht einig. Das Thema geriet zum Parteienstreit. In den 1980-er Jahren erhielt das Denkmal eine Mahntafel und der Karl-Peters-Platz wurde nach der Friedensnobelpreisträgerin und Pazifistin Bertha-von-Suttner umbenannt.*
Auf dem Engesohder Friedhof finden wir noch einen großen Gedenkstein für Karl Peters.
Bertha-von-Suttner-Platz

9. Krokodile von Peter Schumacher, (1936). Sie waren ursprünglich für die heutige Löwenbastion am Maschsee gedacht. Da sie aber nicht monumental genug aussahen, wurden sie durch die Löwen ersetzt, ***Lindemannallee 19***

10. „Pieta", von Karl Dopmeyer (1824-1899), aus der Kinderheilanstalt in der Ellernstraße mit in die Bult übernommen. 1863 hatten sozial engagierte Bürger Hannovers die „Stiftung Hannoversche Kinderheilanstalt" gegründet. Heute hat die Kinderheilanstalt mit der Kinderklinik „Cäcilienstift" unter dem Dach der Stiftung auf der Bult ihr Zuhause gefunden, ***Kinderkrankenhaus Bult***

11. Der Hiroshima-Gedenkhain steht für 110.000 Tote, die am 6. August 1945 durch die Atombombe in Hiroshima ums Leben kamen. 110 Kirschbäume säumen den Platz zum Gedenken an diese Toten. Das Arrangement wurde von Dieter Kappenberg gestaltet. ***Korczakstraße***

12. „Paseo", Mädchenfigurengruppe von Ludwig Gabriel Schrieber 1962, ***Elsa-Brandström-Schule/ Elkartallee***

13. Vogeltränke, 1953, von Kurt Lehmann, ***Volksschule Bonner Straße 10***

15. „*Schneepflug“ von Peter Kärst,*
Hannah-Ahrendt-Schule/Altenbekener Damm 79

14. *Gildebrauerei, Kunst von Ulli Sander,*
Hildesheimer Straße 132

oben und links:
16 a, b: Engesohder Friedhof, erster kommunaler Friedhof von Hannover, erbaut 1861-1864 von Stadtbaumeister Ludwig Droste (1814-75). Der Friedhof ist reich an künstlerischen Grabmälern von bedeutenden Bürgern Hannovers aus der Zeit bis 1918. Die Kapelle von 1910 wurde als neuromanische Basilika von Oskar Barnstorf erbaut, ***Döhrener Straße 96***

16c. Bödeker Engel: Kniende Figur mit Sammelbüchse von Bildhauer Georg Hurtzig 1854. Um 1850 wurden von Pastor Bödeker 15 Engel in der Stadt aufgestellt, um die Spendenfreudigkeit der Bevölkerung anzuregen. Es gibt heute nur noch einen weiteren Engel auf dem Stöckener Friedhof.

16d. Grabstein von Ferdinand Wallbrecht (1890-1905), Bronzebüste von Ferdinand Harzer

*16e. Mohrenbrunnen, um 1920, auf dem **Friedhofsgelände***

links: 16f. Goldener Engel-Brunnen, um 1920.

17. Döhrener Turm – Landwehrturm, 1382 erbaut, nach einem Brand 1486 zwei Jahre später wiedererrichtet. Fachwerk von 1888 nach Kriegsschaden 1975/76 wiederhergestellt,
Hildesheimer Straße

18. „Springende Lachse" in dem Arthur-Menge-Brunnen von Ludwig Vierthaler,
Vierthaler-Weg

19. Historistische Villa (Ende 19. Jahrhundert) mit malerischer Baukörpergruppierung und Fachwerkobergeschoss.
In Waldhausen gibt es noch zahlreiche Gebäude aus der Gründerzeit.
Linzer Straße 3

20. *Brückenpylone im Jugendstil, um 1906. an der Bahnüberführung,* ***Hildesheimer Straße***

unten:
21. Ehem. Turbinenhaus der „Döhrener Wolle“, um 1900, heute als Brückenhaus genutzt, ***Leineinsel***

22. „Uhr- und Eingangsturm“ von 1909 der Döhrener Wolle. Schon vor dem Ersten Weltkrieg waren dort 2.000 Arbeiter beschäftigt, davon 40 % Frauen.

23. Neobarocke Direktionsvilla der Döhrener Wolle mit den allegorischen Figuren Flora (Frühling) und Demeter (Herbst), Anfang 20. Jahrhundert, ***Wiehbergstraße 22***

24. „Das Tor“ (Bronze) von Volker Bartsch vor dem Simoncarrée, ***Hildesheimer Straße 265***

25. *„Wildentenbrunnen“, Bronze), von Frank Wehberg und York Anton 1976,*
Hildesheimer Straße 309

26. *„Rübezahlbrunnen“, aus Muschelkalk, von Kurt Lehmann,*
Rübezahlplatz – Mittelfeld

27. *„Brunnentreff“ von Joachim Schubotz 1995,*
Grüneberger Weg
Stadtteilplatz – Mittelfeld

28. *„Die Wasserträgerin“, Kalkstein, von Hermann Scheuernstuhl , vor dem Agnes-Karll Krankenhaus,*
Hildesheimer Straße 158 – Laatzen

Messe - EXPO - Kronsberg (Stadtplan S. 73)

1. *„Mann und Frau" von G. Fangi, auf dem* ***Messegelände Nord***

2. *Kreuz von Hanns-Joachim Klug 1976 vor dem ökumenischem Kirchenpavillon. Touristenzentrum auf dem* ***Messegelände***

3. *Tagungs-Centrum Messe von Storch und Ehlers 1988-90 mit gleichsam schwebenden, kreisrunden, verglasten Tagungssälen,* ***Messegelände***

4. *Kasinoturm des Tagungs-Centrums*

5. *„EXPO-Dach" von Herzog + Partner 1998-2000. Eines der größten Holzdächer der Welt, entwickelt aus 40 x 40 m großen und 20 m hohen Holzschirmen. Deutscher Beitrag zum Thema der EXPO Natur und Technik,* ***am Hermessee***

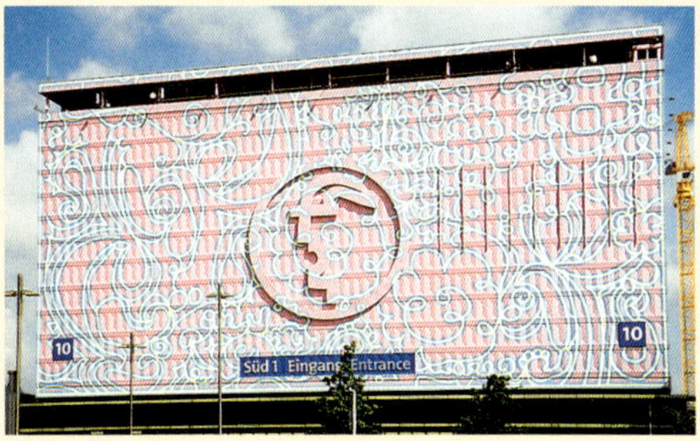

6. *Das auf dem Messegelände befindliche Elektrohaus bekam zur EXPO dieses weithin leuchtende Outfit von R. Lily van der Stokker (Niederlande).* ***Messegelände***

7. *„Exponale",* ***Übergang vom Messegelände zum Expogelände.*** *Die Brücke ist 127 m lang, 30 m breit und wurde von Gerkan, Marg und Partner entworfen.*

8. Deutscher EXPO-Pavillon von Josef Wund 1998-2000, 15 m hoher, gläserner Bau auf 130 x 90 m großem Baugrund mit einem 100 m frei schwebenden Dach, getragen von 14 Glas-Stahlsäulen,
EXPO-Gelände

9. Der 3 m hohe Wasserfall im abgesenkten Garten bildet das nördliche Ende der Parkanlage, die unter dem Titel „Gärten im Wandel" nach der EXPO erhalten blieb. Entwurf von Kamel Louafi.
EXPO-Gelände

10. *„Plastik II-92", Edelstahl, von Erich Hauser, der die 25 m hohe und 13 Tonnen schwere Skulptur aus unterschiedlichen Dreieckformen gestaltete. Die Plastik wurde 1999 auf dem Gelände der DVG (Datenverarbeitungsgesellschaft) aufgestellt.*
Kattenbrookstrift

12. *Mikroklimazone – ökologisches Herz der Wohnanlage der deutschen BauBeCon, der Architekten Willen Associates 1998-2000. Die moderne Technik sorgt für ausgeglichene Sommer- und Wintertemperaturen.*
Weinkampswende

11. *Großes, wellenförmiges Sonnendach des 380 m langen Bürogebäudes der DVG Hannover. Hauptverwaltung von Hascher + Jehle/ Heinle, Wischer und Partner 1997-99,*
Kattenbrooktrift

13. Die bunten Köpfe dienen zur zusätzlichen Orientierung.

14. ***Quartierspark Mitte****, „4 x 28 Worte" von Dieter Froelich, eine stille Plastik im Aussenraum*

16. Trinkwasserbrunnen! Ein technisches Kunstwerk aus Granit, Beton und Edelstahl nach dem Motto „Quellen – Fließen – Versickern, 32 m Wasserkreislauf",
auf dem Thie – Kronsberger Hauptplatz

15. Das Wasser wird auf dem Kronsberg als städtebauliches Gestaltungs- und Erlebniselement genutzt.
Weinkampswende

17a. *Das Kirchenzentrum ist in die Wohnungsbauplanung mit einbezogen. Auch hier ist das Wasser ein Teil der Gestaltung.*

17. *„Mein Ägypter" nennt der Künstler Ulrich Rückriem seine Skulptur, geschaffen aus dem „Bleu de vire", einem Granit aus der Normandie, im* ***Kirchenzentrum Kronsberg****.*

18. *„Agenda 21"-Haus von Klaus Dähne, Häuser für Menschen zur Selbstentfaltung! Aus unterschiedlichen Materialien entstanden sechs Häuser durch individuelle Eigengestaltung.*
Wülferoder Straße

19. ***Aussichtshügel Nord*** *mit zwölf Kalksteinskulpturen von Wilfried Behre*

20. *Der Weg zu den Herrmannsdorfer Landwerkstätten ist gesäumt von Vogelscheuchen. Die Landwerkstätten sind Teil des* ***„Agri-Expo-Projekts"*** *= „Umweltfreundliche Landwirtschaft und regionale Vermarktung"! Der Hof ist eine zukunftsorientierte, umweltschonende Variante der Landwirtschaft.*

8. und 9. Spaziergang:
Oststadt und List

Die Oststadt ist ein sehr lebendiger Stadtteil. In ihm und im Stadtteil List findet man noch die meisten gut erhaltenen Villen aus der Gründerzeit und Jugendstilhäuser. Der Krieg hat sie verschont. Die altersgrauen Fassaden sind wieder stilgetreu hergestellt. Es läßt sich dort prächtig in großen herrschaftlichen Wohnungen leben. Man hat viel Grün vor der Tür, die Eilenriede quasi um die Ecke und viele gute Kneipen, Cafés und Geschäfte.

Die Straßennamen stehen für historische Persönlichkeiten und Begebenheiten, wie z. B. die Hohenzollernstraße, die Walderseestraße, die Sedanstraße, der Moltkeplatz und die Tannenberg Allee. Generalfeldmarschall von Hindenburg wohnte im Alter einige Jahre hier.

Die modernen Kunstwerke befinden sich jedoch bevorzugt eher in der Oststadt (Spaziergang 8) zwischen der Vahrenwalder Straße und dem Schiffgraben, vor allem entlang der Berliner Allee, für die das alte Gerichtsgefängnis hinter dem Bahnhof weichen mußte.

In der angrenzenden Liststadt ist vieles der Oststadt vergleichbar. Hier gibt es schöne große, bürgerliche Etagenwohnhäuser. Je weiter man stadtauswärts kommt, desto mehr sieht man große repräsentative Wohnblöcke der Wohnbaugenossenschaften aus den 1920-er Jahren. Rechts und links der Podbielskistraße befanden sich früher namhafte internationale große Unternehmen wie die Bahlsens Keksfabrik, das Pelikanwerk und die Grammophon. Diese Werke produzieren nicht mehr an Ort und Stelle oder sie befinden sich in fremden Händen.

Das Pelikanwerk wurde in Wohnungen und Geschäfte umfunktioniert. Die Grammophon nennt sich heute „Emil Berliner-Studio“ und sitzt in Langenhagen. Das Gelände ist wie bei Pelikan ein Wohn- und Geschäftsgelände geworden.

Nördlich der Podbielskistraße trifft man noch auf die Reste alter Bauernhöfe aus der Zeit, als die List ein eigenständiges Bauerndorf war. Es wurde schon im Jahr 1304 erwähnt. Moderne Kunst ist hier fast nicht zu finden. Ein Spaziergang durch die Eilenriede oder entlang der Hohenzollernstraße und Walderseestraße auf der beschriebenen Route gibt einen Einblick in das Hannover vor dem Zweiten Weltkrieg.

8. Spaziergang:
Oststadt

1. Wohnhaus, von Max Kolde im Stil der hannoverschen Renaissance 1884/85 erbaut, Fenstergewände, Pfosten 1603 und Stadtwappen 1610 von Hans Nottelmann für das Alte Rathaus gefertigt, bei dessen Renovierung 1877 ausgebaut und hier wieder verwendet, ***Hinüberstraße 20***

2. „Hermes", der Gott des Handels, das Wahrzeichen des Handelshauses, ***Hinüberstraße 16-18***

3. u .4. Relief, das die „Wirtschaft" symbolisiert, von Kurt Lehmann am Sitzungssaal der Industrie- und Handelskammer, 1951 von Ernst Friedrich Brockmann erbaut. Drei „Stelen", aus Sandstein, von Ulrike Enders, ***Schiffgraben 49***

5. Kinetisches Objekt, Stahl, von Heinz Kersten vor der Handwerkskammer, ***Berliner Allee 17***

6. Penetracion (Durchdringung), Stahl, von Jorge La Guardia, vor der Handwerkskammer, ***Berliner Allee 17***

7. „Meckis"-Nachtclub von Joachim Brenke, Sohn des ehemaligen Besitzers „Jens" des „Jenseits", ***Roscherstraße 7***

oben und links:
8. Gelungenes Beispiel dafür, wie ein Innenhof durch Kunst belebt werden kann, ***Roscherstraße 12***

10. „Veitstanz" von Schang Hutter 1989, acht Figuren vor dem Amtsgericht, ***Volgersweg***

9. Fassade des Amtsgerichts, 1907-11 nach Plänen von Paul Thoemer als neobarocker Repräsentationsbau errichtet, Bauplastik von O. Richter, ***Volgersweg 1***

rechts unten und Mitte: 11. „Ortsangaben" geographische Bestimmung und „der letzte heile Baum", Pflaster des ***Raschplatzes****.*

unten: 12. „Raschplatzbrunnen", von Joachim Wolff 1977

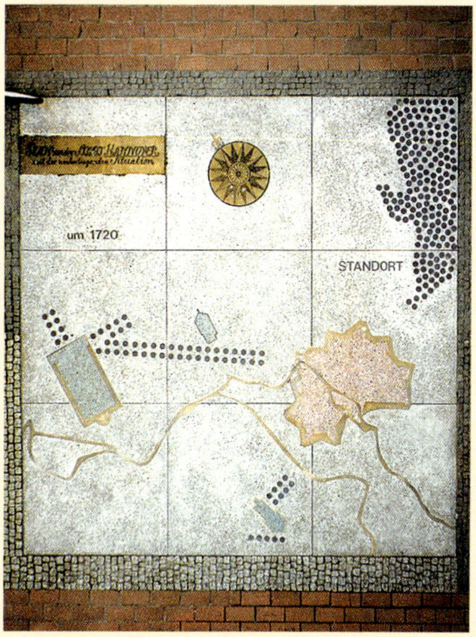

13. Brunnen am Haus der Telecom von Friedrich Werthmann 1971, drei halbkreisförmige Edelstahlscheiben mit einem Stahlgeflecht im Inneren, ***Hamburger Allee***

14. „Großer Hephaestus II“ von Waldmar Otto, ***Hamburger Allee***

15. „Kreuz“ an der Lukaskirche von Siegfried Stege, nach dem 2. Weltkrieg aus den Metallresten der 1945 niedergebrannten Kirche hergestellt, 1995 hier aufgestellt, ***Rolandstraße***

16. „Die Freude“ von D. Läpple, Hauptschule, ***Isernhagener Straße 33***

17. „Bockspringer" von Ewald Brandt, Grundschule, ***Welfenplatz***

18. 1858-60 und 1867-70 entstand nach Plänen von Heinrich Jüngst ein Komplex von vier Kasernen mit Stallungen für Infanterie und Artillerie. In den beiden noch erhaltenen Bauten sind heute die Polizeiinspektion Ost, die Reiterstaffel und das Landeskriminalamt Niedersachsen untergebracht. Der preußische Adler ziert den Giebel des späteren Backsteinbaus.
Welfenplatz 2

19. Graffiti am Welfenbunker.

20. ***U-Bahnstation Sedanstraße***, *eine deutsch-amerikanische Graffiti-Coproduktion im Auftrag der Stadt Hannover, von Orlando Brakel und Roman Ruppel in Verbindung mit New Yorker Künstlern*

22. *Graffiti in der Durchfahrt von Bett & Breakfast von R. Ruppel und O. Brakel,* ***Seumestraße 14***

21. *„Körtingsbrunnen", von Gerhard Bünemann 1976,*
Lister Meile

23. *„Wassergarten", von Joachim Wolff 1974,*
Lister Meile/Ecke Gretchenstraße

24. *„Gorlebenfindling" – „Atomkraftbefürworter haben keine Ahnung von der wirklichen Situation"! (frühere Inschrift) Der Stein erinnert an die 1979 stattgefundene größte Demo in Hannover mit 200 Treckern aus Gorleben und 100.000 Demonstranten.*
Weißekreuzplatz

25. *„Mahnmal" von Hans-Jürgen Breuste, 1989 aufgestellt im Gedenken an die politischen Opfer des Naziregimes, die hier im ehemaligen Gerichtsgefängnis eingesperrt waren, von 1937-43 auch der KPD-Führer Ernst Thälmann,* ***Hermesplatz***

26. *„Frauen von Messina", Bronze, dreiteilige Figurengruppe von Ralf Szymanski 1975,* ***Hermesplatz***

27. *50 m lange „Wasserwand" (Roschacher Sandstein/Schweiz) als Teil des 1990/91 angelegten „Stadtgartens" mit rundem Wasserbecken, geradem Radweg, Kiesflächen und Einzelbäumen. Entwurf von Wehberg, Lange, Eppinger und Schmidke,* ***Andreas-Hermes-Platz***

28. „Sonnenenergie", die kleinen blauen Männchen sammeln die Sonne ein und wandeln sie in Energie für die Steckdose um. Graffiti der Arkogruppe, auf dem Dach des ***Raschplatzpavillons***

links: 29. Deutsche Genossenschaftsbank, 1990 nach Plänen von Ingeborg Lindner-Böge und Jürgen Böge errichtet, bestehend aus zwei mit Stegen verbundenen, sechsgeschossigen Baukörpern, gestaltet mit Hilfe von hellem Sandstein, Stahl und Glasflächen, ***Berliner Allee/ Hermesplatz***

30. „Hang over", Polyester und Büttenpapier, von Andreas von Weizsäcker 1991, unter der ***Raschplatzhochstraße***

31. Tür der Nachtbar „Liquid" von Thomas Ahrend, Metallarbeiten aus Schrott, ***Raschplatz*** *unter der Straße*

9. Spaziergang: *List*

1. „Großer Hund" (od. Trinkender Hund) von Ernemann-F. Sander 1984, vor dem Nebenhaus der Industrie- und Handelskammer, ***Schiffgraben 55****. Die Brunnenanlage besteht aus fünf Mühlsteinen.*

2. Spätklassizistische Villa, 1872-75 nach Plänen von Heinrich Köhler (1830-1903) erbaut, ***Schiffgraben/Ecke Emmichplatz****. Köhler hatte eine Villengruppe konzepiert, die ursprünglich aus neun Gebäuden bestand und von der sich als anspruchsvollster Bau dieses Gebäude erhalten hat.*

3. Arkade mit Pavillon, Rest der 1970 abgebrochenen städtischen Gaststätte „Neues Haus", 1894 erbaut von Paul Rowald (1850-1920). Im Krieg stark beschädigt. An der Stelle befindet sich heute die Musikhochschule.
Emmichplatz 1

4. „Die vier Musiker" von Rolf-Dieter Ramcke, Relief an der ***Musikhochschule***

links: 5. „Transformation" von Emma de Sigaldi, ein Geschenk des Fürsten von Monaco als Dank für die Gastlichkeit der EXPO-Stadt Hannover 2000, ***Hohenzollernstraße/Ecke Bödekerstraße***

unten links: 6. „Steinbock" von Ernst Gorsemann 1929, am Teich in der ***Eilenriede***

unten rechts: 7. „Königinnendenkmal" von Valentino Casal, nach 1910. Nachbildung des 1797 von Johann Gottfried Schadow geschaffenen Denkmals der in Hannover geborenen Geschwister Luise und Friederike von Mecklenburg-Strelitz, die späteren Königinnen von Preußen und Hannover. Ein Geschenk Kaiser Wilhelms II. ***Hohenzollernstraße***

8. Generalfeldmarschall Graf von Waldersee, Denkmal von Bernhard Hoetger 1916. Während des chinesischen Boxeraufstandes führte Graf Waldersee 1900-01 den Oberbefehl über die Truppen der Europäischen Mächte in China. An der ***Walderseestraße***

9. Portal der ***Markuskirche****, die 1902-06 nach Plänen von Otto Lüer (1865-1947) in romanisierenden Formen errichtet wurde,* ***Oscar Winter Straße***

10. „Vertreibung aus dem Paradies", Relief um 1906, ***Markuskirche***

unten:
11. „Christus als Weltenherrscher", Mosaik ***an der Markuskirche*** *um 1906, gestiftet von Kaiser Wilhelm II., Entwurf von Oskar Wichtendahl, Ausführung von Puhl und Wagner, Berlin.*

12. „Fabeltiere" von Ludwig Vierthaler 1931, Neuguss 1951
Bernadotte Allee

13. „Hirsch", 1936, von August Waterbeck
Am Lister Turm

15. Stadtwappen von Hannover am **Lister Turm**

14. „Lister Turm", 1894-96 nach Plänen von Hermann Schaedtler (1857-1931) errichtet. Der alte Landwehrturm an der Podbielskistraße wird erstmals 1387 erwähnt. Der heutige historistische, malerische Bau im Stil der deutschen Renaissance wurde als Ausflugslokal erbaut, diente nach dem 2. Weltkrieg viele Jahre als Musikhochschule. Heute befindet sich hier das Freizeitheim-List.
Walderseestraße 100

16. Der Adler am Haus der Berufsgenossenschaft für Fahrzeughaltung beschützt seine Jungen, sinnbildlich schützt er die jungen Fahrer. **Walderseestraße 5**

17. *Pelikan-Brunnen. Sockel und Wasserbecken stammen vom „Merkur-Brunnen“, den Erich Schmidt-Kestner 1914 für die Rathaushalle geschaffen hatte. 1935 wurde er an den Rand der Eilenriede versetzt und die Bronzefigur 1941 eingeschmolzen. Ludwig Vierthaler entwarf 1961 für die Fritz-Behrens-Stiftung zu Ehren Fritz Beindorfs die beiden Pelikane, die von den Haberlands in Hainholz gegossen wurden. An der* ***Walderseestraße***

18. *Gebäude der 1838 gegründeten Künsterfarben- und Schreibwarenfabrik Pelikan, von Otto Christian Taaks 1904-06 im Neobarock-/Jugendstil erbaut. Das Werk wird seit 1993 in ein Wohn-und Gewerbegebiet umgewandelt.*
Podbielskistraße 139-141

19. *Goldene „Frau auf Kugel“ bekrönt eine Brunnensäule im* ***Vorgarten der Firma Günther Wagner.*** *Sie wurde 1938 zum 100-jährigen Firmenjubiläum von Ludwig Vierthaler geschaffen.*

oben und unten:
20. u. 21. ***Das alte und das neue Wappen*** *des ehemaliges Pelikanwerks.*

22. „Schauspiel und Musik" von Hermann Scheuernstuhl, an der Aula der Leibnizschule, **Röntgenstraße 8**

23. „Das Fohlen" von Kurt Lehmann im Schulhof der Leibnizschule, **Röntgenstraße**

24. Im Zentrum der List, umgeben von einer mehrgeschossigen Straßenrandbebauung, stehen die letzten zwei (eingeschossigen) Fachwerk-/Bauernhäuser aus dem alten Dorf List, wahrscheinlich Ende des 18. Jahrhunderts erbaut, **Waldstraße 18**

links und unten:
25. Häuser (Ende 19. und frühes 20. Jahrhundert) rund um den **Moltke-Platz** und auf dem Weg zu Bahlsen.

oben links und rechts: 25. Häuser rund um den ***Moltke-Platz*** *und auf dem Weg zu Bahlsen.*

26. Das ehem. Farbrikgebäude. Kinderfries mit Hexe am heutigen Podbi-Park Bahlsen, bezogen auf den Hänsel und Gretel-Brunnen gegenüber. Majolikaschmuck von Georg Herting (?) 1910, ***Lister Straße 10***

27. Hänsel-und-Gretel-Brunnen, Original von Georg Herting 1912. 1956 wurden die Figuren von Bildhauer Kreutzmann neu geschaffen.

28. Relief am Erker und in der Einfahrt des Bahlsenanbaus mit Szenen aus der Landwirtschaft von Georg Herting. Einfahrt in die Tiefgarage in der ***Lister Straße***

29. Brunnen im Innenhof des Bahlsen- ***Podbi–Parks***

30. Stammhaus von Bahlsen. Gebaut wurde die Fabrik im Jahre 1910 von Karl Siebrecht. Das Fabrikgelände wurde 1992 zum größten Teil zum Dienstleistungszentrum „Podbi - Park" umgewandelt. Die Produktion wurde in Außenbezirke verlegt. Die Verwaltung bezog den Neubau in der Podbi. 289, kehrte aber 2001 wieder zurück in das alte Stammhaus, an der ***Podbielskistraße 11***.

31. Die „Brezelmänner" von Georg Herting 1913 am Verwaltungsbau von Bahlsen. Der Graphiker Heinrich Mittag entwarf für den Leibnitzkeks 1903 die neue Schutzmarke TET, was altägyptisch „ewig dauernd" bedeutet. **Podbielskistraße 11**

32. Wandbrunnen im Arkadenbereich des Stammhauses an der Podbi., begonnen von Georg Herting 1911, Figur der Wasserträgerin von Bernhard Hoetger um 1920 vollendet, **Podbielskistraße 11**

33. Neben und gegenüber von Bahlsen an der Podbi. befinden sich viele Jugendstilhäuser.

10. Spaziergang:
Mitte – Nordstadt

10. Spaziergang: Mitte – Nordstadt

Die Nordstadt läßt sich wie Kleefeld in drei Bereiche gliedern. Die Trennungslinien bilden der Engelbostler Damm und die Nienburger Straße. Rechts vom Engelbostler-Damm befindet sich der große Güterbahnhof, der im 2. Weltkrieg zu 95% zerstört wurde. Auch im Mittelteil, um den Engelbostler-Damm herum, gab es durch Kriegseinwirkung große Baulücken. Kommen wir weiter zur Nienburger Straße westwärts, so finden wir noch viele große Bürgerhäuser aus der Gründerzeit. Es gibt zudem noch viele Hinterhäuser. Was im Krieg beschädigt war, wurde im Laufe der Zeit wieder aufgebaut.

Die Nordstadt war auf Grund des Güterbahnhofs und der vielen Fabriken ein Arbeiterviertel. Der schönste Teil dieses Viertels befindet sich um das Welfenschloss mit seinen Gärten und der Bibliothek, die ganz Deutschland mit Fachliteratur versorgen kann, sowie den alten historischen Gebäuden aus dem 19. Jahrhundert am Welfengarten. In dieser Richtung lohnt sich der Spaziergang besonders.

Die meisten nach dem Krieg übrig gebliebenen Fabriken sind inzwischen verschwunden, z. B. schloss die Schokoladenfabrik von Sprengel hier 1980 die Tore und zog ganz nach Vinnhorst. Die Gebäude drohten zu verfallen, bis die Stadt sie aufkaufte und abreißen wollte. Da tauchten Hausbesetzer auf, und es entbrannte eine jahrelange Auseinandersetzung zwischen den Besetzern und der Polizei. Heute ist das Sprengelgelände ein alternatives Wohn- und Arbeitsprojekt. Feinkost Appel wurde 1972 von der Süddeutschen Zucker AG übernommen und 1978 ganz aufgegeben. Die Eisengießerei Pruß wanderte 1954 ab. Im Gebäude von König und Ebhardt residiert die Architekturabteilung der Universität. Auf dem alten Benecke-Gelände baute schon 1914 der Spar- und Bauverein den Schlosswender Garten, der 1947 in Brüggemannhof umbenannt wurde. Gleich daneben befindet sich der alte Judenkirchhof, der wohl einzigartig in seiner Vielschichtigkeit ist.

Die Nordstadt ist reich an Friedhöfen: dem alten und neuen Nikolaifriedhof, dem alten und neuen Judenfriedhof und dem St. Andreas Friedhof (heute Neustädter Friedhof). Genutzt wird nur noch der neue Nikolaifriedhof.

Das Bild der Nordstadt wird von den zahlreichen Studenten geprägt, denn überall in den Straßen sind Institute untergebracht, weil das Hauptgebäude der Uni (das ehemalige Welfenschloss) schon sehr lange viel zu klein geworden ist. So trifft man die Institute bis hinauf zum Herrenhäuser Kirchweg und in verschiedenen anderen Stadtteilen.

Moderne Kunst im öffentlichen Raum finden wir vor allem auf und um den Königsworther Platz.

1. *Bekrönung des Gewerkschaftshauses,* ***Goseriede 4***

2. *„Kugelplastik", gekupferter Stahl, von Friedrich Werthmann vor dem Postscheckamt* ***Celler Straße***

rechts: 3. „Totem" von Thomas Ahrend, gegenüber dem ***Roadhaus/Ecke Nikolaistraße***

rechts: 4. „Das bunte Haus", Unabhängiges Centrum, ***Kornstraße***

6. *Der Brüggemannhof, eine Wohnanlage des ältesten Spar- und Bauvereins Hannover von 1924. Die Sandsteinfiguren an den Giebeln im Innenhof stellen die Arbeiter dar, die diesen Komplex gebaut haben.*
Am ***Judenkirchhof***

5. ***Christuskirche****, erster großer neugotischer Backsteinbau Hannovers von Conrad Wilhelm Hase 1859-64, finanziert von König Georg V.,* ***Engelbosteler Damm***

7. ***„Judenkirchhof"*** *1550-1866, ummauerter, baumbestandener Sandhügel, offenbar durch mehrfache Bestattungsschichten künstlich erhöht. Es befinden sich dort heute noch ca. 700 Grabsteine. 1695 wurde Jente Hameln auf ihm beigesetzt, die nacheinander mit Salomon Gans und Leffmann Cohen verheiratet war. Zu deren Nachkommen aus den beiden Ehen gehörten Heinrich Heine, Felix Mendelssohn-Bartholdy, Carl Sternheim und C. J. Philipp Spitta. 1864 wurde er wegen Überfüllung aufgegeben.*

9. Braunschweiger Löwen an der Freitreppe der Universität, von Adolf Rosenthal 1861

8. links: Der Rest des ehem. Marstall der Königs-Ulanen, 1863-66 nach Plänen von Christian Heinrich Tramm (1819-1861) unter Leitung von Eduard Heldberg (1829-1891) errichtet. Heute Teil der Universitätsbibliothek, ***Welfengarten 41a***

unten: 10. ***Welfenschloss*** *errichtet 1857-66 von Christian Heinrich Tramm. Zunächst als stattliche Sommerresidenz und noch während der Bauzeit als Hauptwohnsitz Georgs V. Es war der letzte Schlossbau Hannovers im Rundbogenstil. Der König hat das Schloss jedoch – aufgrund des Einmarschs der Preußen 1866 – nie bewohnt. 1875-79 wurde das Gebäude zur Königlichen Technischen Hochschule umgebaut. Letzter Umbau erfolgte 1956 von Ernst Zinsser. Heute ist es das Hauptgebäude der Universität Hannover.*

11. Eiserne Fußgängerbrücke von Georg Ludwig Friedrich Laves 1837 über einem neu angelegten Teich, im ***Welfengarten***

12. Chemisches Institut der Universität, von Friedrich Ebel 1909 im Stil der deutschen Renaissance erbaut, ***Callinstraße 7***

14. ***Lutherkirche*** *von Eberhard Hillebrand (1840-1924) 1895-98 als neugotischer Sandsteinbau errichtet, ursprünglich mit steilen Kegelhelmen über den Treppentürmchen und steilen Doppelhelmen über dem Westturm*

14a. Tiertränke im Jugendstil von Otto Ruprecht um 1905. An der ***Lutherkirche***

13. Teil des ehemaligen Sprengelgeländes. Eines der besetzten Häuser der Schokoladenfabrik. ***Schaufelder Straße***

oben rechts und links sowie unten:
15. Auf dem Weg zurück zum Königsworther Platz befinden sich ***„Im Moore“*** *gut restaurierte Villen. In einigen sind Institute der Universität untergebracht.*

16. Im Hof des alten Kesselhauses von König und Ebhardt stehen Kunstwerke (Ytongstein) von Studenten aus den Seminaren von Kurt Schwertfeger. Schlosswender Straße 1-4, Eingang ***Wilhelm-Busch-Straße***

17. ***Busstop Königsworther Platz***
von Ettore Sottsass 1993-94

18. „Genesis" (Chromnickelstahl) von Martin Matschinsky und Brigitte Denninghoff 1984, Skulpturenmeile Nr. 7,
Königsworther Platz

19. „Ikarus" von Volkmar Haase
Königsworther Platz

20. „Sinfonie in Red" oder „Mikado für Riesen" von John Henry (USA), 16,6 m hoch, 18 m breit und 9,5 m tief sowie 13,5 Tonnen schwer, Skulpturenmeile Nr. 6,
Königsworther Platz

21. Kandelaber mit Fabelwesen und pflanzlichem Dekor auf der Leinebrücke von Carl Dopmeyer 1898
Königsworther Straße

22. „Etüde", fünf Skulpturen aus Granit von Eugen Dodeigne, Skulpturenmeile Nr. 5, ***Königsworther Platz***

23. Allianz-Brunnen, Basaltsäulen, von Jürgen Paul 1985, vor dem Versicherungshochhaus in der ***Langen Laube 31***

24. „Stahl 17/87", Stählerner Engel, von Erich Hauser, Skulpturenmeile Nr. 4, 1000 Bürger hatten sich an der Finanzierung der Plastik beteiligt. ***Brühlstraße***

25. Giebel der Clevertorwache von 1790 mit dem Monogramm Georgs III., 1885 dort abgebrochen und ca. 1985 vor dem Arbeitsamt wieder aufgestellt.
Brühlstraße 4

11. Spaziergang:
Kleefeld – Kirchrode

11. Spaziergang: Kleefeld – Kirchrode

Hinter dem Messe-Schnellweg beginnt der Stadtteil Kleefeld. Rechts steht die Petrikirche, auf der linken Seite befindet sich an der Eilenriede das Eis- und Rollschuhstadion. Der 2. Weltkrieg hat diesen Stadtteil mit Bomben weitestgehend verschont. Er wird durch zwei Hauptstraßen in drei Teile geteilt. Der nördliche und südliche Teil grenzt direkt an die Eilenriede. Durch den mittleren Teil fährt die Bundesbahn. Im südlichen Teil liegt das Philosophenviertel mit schönen alten, teils burgähnlichen Villen mit entsprechenden Gärten direkt am Wald.
Der eigentliche Siedlungsraum lag mehr im Norden, um die Eisenbahn herum. Er wurde von Gewerbetreibenden bewohnt. Eine Baugesellschaft gründete die „Gartenstadt Kleefeld" auf einem Spargelfeld. Es ist mittendrin eine ruhige Wohnecke. Folgt man der Berkhusenstraße, so stößt man auf die Karl-Wiechert-Allee mit großen Versicherungen, der Medizinischen Hochschule und der TUI Group. Im Süden der Allee passiert man die Fachhochschule. Wenn man von Kleefeld kommend auf der Kirchröder Straße fährt, so wird man rechts und links viele medizinische und soziale Einrichtungen finden.
Vor uns liegt Kirchrode. Für Spaziergänger locken der Lönspark und der Tiergarten. Auch hier können Kunstliebhaber Werke von namhaften hannoverschen Künstlern finden.

1. Kopfsteinpflaster von Timm Ulrichs, ***Schiffgraben*** *neben der Tiefgarage*

2. Ehem. Provinzial-Ständehaus, 1879-81 von Ferdinand Wallbrecht im Stil der italienischen Renaissance erbaut, Reliefs „Germania schützt Kunst und Wissenschaft“ (rechts) und „Hannovera schützt Handwerk und Landwirtschaft“ (links), unter dem Giebel die Wappen der Landschaften der preußischen Provinzen Hannover, ***Schiffgraben 10***

4. „Das große Rufzeichen“ von Fritz König, ***Schiffgraben****, neben der VGH*

3. Palais Grote von Otto Goetze (1832-94), 1862-64 für Graf Adolf Grote (königlich hannoverscher Gesandter in Madrid) im Stil der englischen Tudorgotik als Adelspalais erbaut, nach 1868 wechselnde Besitzer, 1943 ausgebrannt, bedeutendes Werk der Hannoverschen Architektenschule, ***Sophienstraße 7***

5. *„Tor" von Wolf Gloßner,*
Arnswaldt Straße 19

6. *„Chrysogonos Relief" um 1500. Es stellt Katharina u. Konrad von Konstanz dar. Seit 1956 befindet es sich im zugemauerten Südportal der Gartenkirche.* ***Marienstraße***

7. *„Busstop Braunschweiger Platz" von Frank Owen Gehry,*
Braunschweiger Platz

8. *„Dicker Mann beißt Maus" von Eberhard Eggers,* ***Braunschweiger Platz***

9. *„Kepler trifft Kopernikus" von Rainer Tapper 1989 (Kunst am Bau), je ein senkrechtes (23,75 m.) und waagerechtes (47,50 m.) rotes Stahlrohr auf dem Dach des Einrichtungshauses Steinhoff.*
Braunschweiger Platz

oben rechts: 10. Stahlskulptur von Pit Kroke,
Hans-Böckler-Allee 16

11. *Hauptportal der Kurt-Schumacher-Kaserne, 1937 als Generalkommando der Wehrmacht gebaut, Relief von Ludwig Vierthaler,*
Hans-Böckler-Allee 18

12. *„Maya" von Gerhard Marcks 1951,*
Hans-Böckler-Allee 20

13. *Petri-Kirche, 1902 von Eberhard Hillebrand erbaut. Neugotische Hallenkirche aus Sandstein mit Querhaus und 3/8 Chor. Die Turmspitze wurde nach Kriegsschäden vereinfacht wieder aufgebaut und das Innere modernisiert.* ***Dörries Platz***

14. *Burgähnliche Häuser im Philosophenviertel.* ***Spinoza-Kaulbachstraße***

unten links: 15. „Wolkenflug" von Kurt Schwertfeger 1963, an der Max-Kolbe-Schule, ***Nackenbergstraße/ Ecke Berghusenstraße***

16. *„Gegenseitigkeit" von Ulrike Enders 1985. Vor der Mecklenburgischen Versicherung:* ***Berkhusenstraße 146***

17. Das chinesische Pyramiden-Restaurant „Dynastie" der Architekten Schuwirth, Ermann und Partner,
Misburger Straße 81

links: 18. Hannoversche Lebens Versicherung, ***Karl-Wiechert-Allee 10***

19. „Der Baum" von Ulrike Enders im vierten Stock,
Karl-Wichert-Allee/Ecke Nobelring

20. „Internationales Neurocience Institut"
Alexis Carelstraße 4

unten:
22. „Hannover-Tor" von Friedrich Gräsel 1979,
Karl- Wiechert- Allee 5

21. Großplastik „Wenn der Wind südlicher weht!" von Hans Jürgen Zimmermann. Auf der Wiese hinter dem neuen Concordia Gebäude, im Hintergrund der neue Fernsehturm,
Karl-Wiechert-Allee 55

23. Das Wasserspiel auf trapetzförmigem Grundriss,
Karl-Wiechert-Allee 5

24. „Hoffnung" Graffiti an der ev. Fachhochschule von Enno Podehl in Zusammenarbeit mit seinen Studenten, **Blumhardtstraße 2**

25. Annastift. Der Pelikan symbolisiert in der Mythologie die verzehrende Mutterliebe. Hier steht er wohl für die Versorgung und Beschützung der kranken Kinder.
Heimchenstraße 1-7

unten: 26. Der Altarraum in der Kapelle des Annastifts. 1961 erhielt die 1953 gegründete ev. Gemeinde des Annastifts ihr eigenes Gotteshaus, Architekt: Günter Gumkan; Glasmalerei: Günter Grohs,
Heimchenstraße 1-7

27. „Fisch und Froschbrunnen" von Siegfried Zimmermann 1983, Landesbildungszentrum für Blinde, ***Bleekstraße 20***

28. „Frauen am Brunnen" von Frijo Müller-Belecke, ***Wohnstift Birkenhof Kühnstraße2***

links: 29. „Klönschnack" von Fidelis Bentele 1984, ***Großer Hillen 1***

32. „Pferd und Reiter" von Max Sauk 1978, Tierärztliche Hochschule Westfalenhof, ***Bünteweg 1***

30. „Kommen u. Gehen" von H.–P. Schulze, vor der Kirche der Henriettenstiftung ***Schwemannstraße***

31. „Daphne" von Maria Becke-Rauch, am ***Tiergarteneingang Kirchrode***

12. Spaziergang:
Ricklingen - Mühlenberg

12. Spaziergang:
Ricklingen - Mühlenberg

Der Ortsteil Ricklingen, der 1920 zu Hannover kam, beginnt hinter der Bahnüberführung. Am Ricklinger Stadtweg finden wir große, gepflegte Klinkerwohnblöcke mit kleinen Vorgärten und begrünten Innenhöfen, in denen oft pro Haus ein Sandkasten, eine Teppichklopfstange und natürlich die Wäscheleinenhalter stehen. An den Fassaden befinden sich keramische Schmuckfiguren oder Sandsteinskulpturen von Arbeitern, die die jeweilige Industrie symbolisieren, oder Müttern, die schützend ihr Kind in den Armen halten. Es herrscht Ruhe und Ordnung. Die Kinder können in den Innenhöfen spielen. Es sind vorwiegend kleinere Wohnungen für Arbeiter, die Anfang des 20. Jhs. gebaut wurden, denn die Industrie siedelte sich mehr und mehr in den Außenbezirken der Stadt an und brauchte viele Arbeiter vor Ort.

Das eigentliche alte Ricklingen war das Dorf, bestehend aus dem Edelhof, dem Gut der Familie von Alten und einigen Bauernhöfen. Man kann den Rest der Idylle noch heute in kleinen Winkeln entlang des Deichs und der Beeke finden. Diese Ecke gilt als Geheimtip für Spaziergänger; aber er ist mehr für Naturliebhaber, bedingt durch das Ricklinger Holz und die Leinewiesen. Engagierte Bürger haben es teilweise geschafft, trotz der Wohnungsnot nach dem Krieg und der damit verbundenen Bauwut, ein bisschen von dem Charme und dem Charakter des alten Dorfes zu retten. Natürlich unterliegt auch dieser Teil dem Zahn der Nachkriegszeit. Da es keine Landwirtschaft mehr gibt, wurden die Gebäude des Gutes und der Bauernhöfe zu Wohnungen umfunktioniert. Unmittelbar vor dem Deich befinden sich, in den Dorfcharakter passende, niedrig gehaltene Einfamilienhäuser, eine Wohltat im Gegensatz zu der Bebauung an der Bauerwiese. Einige alte Fachwerkhäuser wurden vor dem Abriss gerettet. So findet man viele glückliche Menschen, die zwar auf dem Land leben, aber der Stadt doch sehr nahe sind.

Weiter westwärts beginnt der Ortsteil Oberricklingen. Er besteht aus kleinen Siedlungshäusern mit Stall und Garten für Arbeiterfamilien. Nach dem 2. Weltkrieg wurden diese auch umfunktioniert. Der Stall ist Garage geworden und der Garten statt Gemüsenun Blumengarten. Die Wallensteinstraße, die mitten durch das Gebiet verläuft, entwickelt sich zu einer langen Allee. Ein naturnaher Erholungsort ist eigentlich nur der nahegelegene Ricklinger Stadtfriedhof mit seinem großem, alten Baumbestand.

In der Fortsetzung von Oberricklingen kommen wir in den nach 1945 aus dem Boden gestampften Ortsteil Mühlenberg. Am Anfang gab es dort nur die weithin sichtbaren hohen Betonklötze mit kleinen Wohnungen für Wenigverdiener. Zentrum ist der Mühlenberger Marktplatz mit der ökumenischen Kirche und der Integrierten Gesamtschule. Moderne Kunst ist hier wenig anzutreffen, abgesehen von den vielen Graffitiwänden – Zeugnisse der Phantasie und dem Aktualitätsbezug der jungen Künstler. Zukünftig wird es hier mehr Kunstobjekte geben, denn Mühlenberg gehört zum Stadtentwicklungsplan, bei dem sich Landschaftsplaner und bildende Künstler zusammensetzen und öffentliche Grünflächen und Parks gemeinsam gestalten.

1. *Die ältesten Gaslaternen Hannovers vor den Stadtwerken in der* ***Stammestraße***

2. *„Trinkwasserbrunnen" von Ulrike Enders auf dem* ***Ernst-Holweg-Platz***

3. *„Mädchen mit Fischen" von Vierthaler,* ***Friedrich-Ebert-Platz***

4a. *Keramikfiguren an den Genossenschaftshäusern,* ***Hermann Meister-Allee***

4. *Die Arbeiterfiguren an den Häusern vom* ***Ricklinger Stadtweg***

5a. Eingangsportal mit dem heiligen St. Michael. Weil das Gelände für den Kirchbau von der Familie von Alten in Linden gestiftet wurde, hat man das Wappen über der Tür verewigt.

5b. Michaeliskirche von 1888, neoromanischer Backsteinbau mit Rundbogenfenstern von Kurt Knust. 1877 wurde die selbstständige Michaelis-Gemeinde gegründet. **Stammestraße 53-57**

6. Edelhofkapelle, 13. Jh., ältester Bau der von ***Altenschen Gutsanlage****. 1943 war sie völlig ausgebrannt. Restaurierung im Jahr 1966. Sie wird heute für Konzerte, kirchliche Zwecke und Familienfeiern genutzt.*

7. Rechts der ehemalige Pferdestall, vorne die Schmiede. Alle Stallungen und sonstige Hofgebäude sind heute zu Wohnungen umfunktioniert.

8. Das Herrenhaus des Edelhofs. Um 1700 wurde es auf dem Tonnengewölbe des im 30-jährigen Krieg zerstörten Vorgängerhauses aufgebaut und im Laufe der Jahrhunderte vielfach umgebaut. Nach 1945 war es durch die englische Besatzungsmacht requiriert, danach Schauspielschule. Heute ist es in verschiedene Wohnungen aufgeteilt.

9. „Der Gordische Knoten" von Wolfgang Mehl in Zusammenarbeit mit der Gruppe „Metall", am Ricklinger Freizeitheim. ***Ricklinger Stadtweg 1***

10. „Große gerahmte Figur" von Fritz König, vor dem ***Ricklinger Freizeitheim***

11. Kachelmosaik an der Turnhalle der Nordfeldschule, ***Nordfeldstraße 2***

links:
12. Denkmal für die Bombenopfer des Zweiten Weltkriegs. Das einzige figürliche Denkmal für Kriegsopfer (1961). Abteilung für Bombenopfer auf dem Ricklinger Stadtfriedhof. ***Göttinger Landstraße***

rechts:
13. Ricklinger Butjer-Brunnen von Jürgen Klein 1959, Butjer-Brunnen-Platz, ***Wallensteinstraße***

14. „Elefant", behauener Findling, von Peter Greve, Martin-Luther-King-Schule, ***Wallensteinstraße***

15. „Kasperle-Theater" von Ulrike Enders, Am Sauerwinkel, ***Oberricklinger Marktplatz***

16. „Das Lebensschiff" von Karl Arnold, Mosaik am Eingang der Wilhelm-Busch-Schule, ***Munzeler Weg 23***

17. Anna-Blume-Brunnen (halb Blume, halb Frau) von Professor Max Sauk nach einem Gedicht von Kurt Schwitters an seine Geliebte. ***Mühlenberger Markplatz***

18. „Die 4 Saaten". Griffe an der Kirchentür von Siegfried Zimmermann, ***Mühlenberger Markplatz***

19. Das Wegekreuz aus dem Christuspavillon der EXPO steht seit Oktober 2001 vor der Kirche der Ökumenischen Gemeinde auf dem ***Mühlenberg****. „Das Kreuz wendet sich in alle vier Himmelsrichtungen, an alle gesellschaftlichen Gruppen, und es ist transparent, so wie die Kirche heute sein muß!" (Pastor Hannemann)*

20. *„Friedensstein" von Hans-Jürgen Breuste in Zusammenarbeit mit Schülern der IGS (Integrierte Gesamtschule),* ***Mühlenberg – Markplatz***

21. *Graffiti spielt auf dem* ***Mühlenberg*** *eine große Rolle, hier das jüngste Ereignis.*

oben: 22. „Stein des Augenscheins" von Max Sauk vor der Grundschule Mühlenberg, ***Leuschnerstraße 20***

21a. Die Anatomiewand hinter dem ***Mühlenberger Freizeitheim***

13. Spaziergang:
Linden-Süd-Mitte

13. und 14. Spaziergang: Linden Süd, Mitte und Nord

Wer als Hannoveraner das Wort Linden hört, der denkt sofort an Industrie und Arbeiterstadt, an enge Wohnverhältnisse mit Klo auf der halben Treppe, Leierkastenmann, Handwerker in Hinterhäusern und schrecklich schlechter Luft, bedingt durch die vielen Schornsteine. Viel Industrie – viele Arbeiter, eben ein Zillemilieu. Im Süden gibt es aber eine Oase und zwar den von-Alten-Garten. Er ist für alle da, und so tummelt sich ein buntes Völkergemisch zwischen hohen Bäumen.
Schon im 13. Jh. hatte die Familie von Alten umfangreichen Grundbesitz und die Gerichtshoheit in Linden. 1688 ging der Besitz vorübergehend an den Oberhofmarschall von Platen über, der auf dem Gelände fast eine Residenz errichtete. Er baute ein Schloss und legte einen Garten im Stil der Herrenhäuser Gärten an. Dieser Barockgarten wurde 1780 in einen englischen Landschaftsgarten umgewandelt. 1816 ging der gesamte Besitz wieder an die von Altens zurück, die dann bis in jüngste Zeit Besitzer blieben. Das Schloss wurde im Krieg vollständig zerstört und nicht wieder aufgebaut. Aufgrund der Nachkriegsentwicklung gelangte nach und nach das ganze Gelände in städtischen Besitz. Durch den Garten führt heute der Westschnellweg. Auf der abgeschnittenen Seite sieht man noch einen langen Rest der Parkmauer.
Von der vielfältigen Industrie ist kaum etwas geblieben. Die Fabriken wurden abgerissen oder umfunktioniert. Von den 21 Schornsteinen ist nur noch einer vorhanden. Dafür gibt es aber drei Neue: 129 m hoch ragen die „Warmen Brüder" vom Heizkraftwerk an der Ihme empor. Auf dem großen Hanomaggelände haben sich zwei Baumärkte niedergelassen. In die Bettfedernfabrik ist Kunst eingezogen. Das alte Badehaus, in dem man nach dem Krieg ein Wannenbad für 50 Pfennige bekam, ist zum Tak-Theater umgestaltet worden und die Ahrbergfabrik wird zu Wohnungen umgebaut.
Die meisten alten Lindener sind wegzogen oder leben in Altersheimen. Die frei gewordenen Wohnungen wurden mit Ausländern belegt. So entstand ein vielfältiges Völkergemisch, das sich gegenseitig zu neuen Taten inspiriert und in Richtung Kreativität austauscht. Die Häuser sind mehr oder weniger gut restauriert und modernisiert. Die Sanierung gestaltete sich in Linden schwierig, weil sehr viele unattraktive Häuser stehen geblieben waren, die eigentlich der Abrissbirne zum Opfer fallen sollten. Eine Bürgerinitiative hat aber um ihr altes Linden gekämpft und auch gewonnen. So findet man in dem Stadtteil so gut wie alle Stilepochen vertreten.
Bei meiner Suche nach moderner Kunst bin ich nicht recht fündig geworden. Da hat die Stadt noch ein weites Feld der Tätigkeit vor sich. Aber ich bin auf sehr junge Künstler gestoßen, denen ich hier auch ihren Platz einräumen möchte.
Da gibt es noch auf dem Lindener Berg seit 1966 den Jazzclub, der unbedingt genannt werden muss. Er ist sogar seit 1978 Ehrenbürger von New Orleans und bei Jazzfans in ganz Deutschland bekannt. Im selben Haus findet man das Mittwochtheater. In allen Teilen Lindens wird gerne Theater gespielt. Die Volkssternwarte befindet sich auf dem Wasserhochbehälter gegenüber und wenn wir etwas weiter gehen, kommen wir zu dem alten Lindener Berg-Friedhof, der als Park gestaltet ist.

1. „Der Nachtwächter", von Hans Damman 1896, ***Lindener Marktplatz***

2. Das Rathaus von Emil Seidel 1884, am ***Lindener Markt***

3. Relief am Postamt Linden von Siegfried Zimmermann, ***Posthornstraße***

4a. Der Brüningstein mit Gedenkinschrift für Brüning von Alten, spätmittelalterlicher Kreuzstein, vor dem Eingang des ***von-Alten-Gartens***

4b. Ernstbrunnen von Bernd Schlender, zwei stilisierte Bäume als Symbol für Kraft und Ausdauer, Natur und Geduld, ***Posthornstraße***

5. Reste aus dem Schlossgarten Linden. Das Schloss wurde im Zweiten Weltkrieg vollständig zerstört und nicht wieder aufgebaut. Einige Bilder und Einrichtungsgegenstände stehen im Historischen Museum. Linden bezeichnete man in früheren Zeiten als das größte und schönste Dorf im ***Fürstentum Calenberg****.*

7. Das Werktor der Hanomag, gebaut von Emil-Rudolf Mewes, ist markiert mit vier blockartigen Symbolen der vier Elemente Luft und Erde sowie Wasser und Feuer.

6. „Fabeltiere" von Hans-Jürgen Zimmermann und Hans-Joachim Klug. Auf einem runden Becken aus Naturstein sind diese wasserspeienden Fabeltiere angebracht. Im Godehardistift ***Posthornstraße 22***

8. Hanomagwerkshalle am Deisterplatz von Alfred Sasse 1916. An den Ecken Personifikationen von Industrie und Arbeit. Aufwendige Majolika-Verkleidung von Georg Herting und Werner Hantelmann

9. Restmauer des Alten Gartens an der Wachsbleiche, westlich der ***Schnellstraße****.*

10. Belvederepavillon, von Paul Neumann 1749. 1925 als Gefallenengedenkstätte hierher versetzt. In Zukunft soll er kommunal genutzt werden.
Lindener Bergfriedhof

11. „Friedensengel", Brunnenfigur von Karl Gundelach 1884,
Lindener Bergfriedhof

12. Ehemalige Mittelschule von Stadtbaumeister Georg Fröhlich 1905. Heute ist sie IGS I (Integrierte Gesamtschule),
Lindener Berg

13. **St. Martinskirche**, *1727 erbaut von Christian Böhm und 1943 durch Bomben zerstört. 1957 Wiederaufbau einer freistehenden Kirche durch Dieter Oesterlen, 1958 mit einer Martinskulptur von Kurt Lehmann versehen. Der freistehende Turm wurde 1854 von C. W. Hase gebaut.*

15. Ehemalige Humboldtschule, heute IGS-Linden II, **Beethoven Straße 5**

14. Gemeindehaus der Martinskirche. Figur: Als Arbeiter verkleideter Hindenburg mit preußischem Hoheitsadler. In der Thematik stellt die Figur eine Verbindung zwischen Politik und Lindener Industrie her. **Niemeyerstraße 16 u. 17**

16. „Busstop" Nieschlagstraße von Wolfgang Laubersheimer, **Ecke Davenstedter Straße**

17. Das Wittekindhaus mit dem Grafen Wittekind von Schwalenberg, ***Wittekindplatz***

18. unten links: „Lindener Buttjer" von Ulrike Enders. Ein Buttjer ist traditionell ein Arbeiterjunge aus Linden. Mit seiner Ballonmütze signalisierte er Lindener Klassenbewusstsein.
Minister Stüve-Straße 22

19. unten rechts: Dieses 1900 erbaute Haus – im Zweiten Weltkrieg erheblich beschädigt – wurde 1991 mit fast historischer Fassade wieder errichtet. Von städtebaulicher Bedeutung schließt es das „Ensemble Schwarzer Bär" nach Norden hin ab. ***Schwarzer Bär***

20. *„Kümmelrelief" von Heinrich Kümmel, am Seitenflügel der Hautklinik im Garten,* ***Ricklinger Straße 3***

Von Nr. 20 zu Nr. 21 führt ein romantischer Uferweg an der Ihme entlang.

Mitte links:
21. „Der große Vogel", grauroter Granit, von Max Sauk, Am Ihmeufer, hinter dem ***Krankenhaus Siloah***

22. „Tiertränke", oben für Vögel, in der Mitte für Pferde und unten für Hunde, vor der ***Erlöserkirche 4***

23. „Gespräch", Bronze, von Kurt Schwertfeger 1992, an der Humboldtschule, ***Ricklingerstraße 95***

14. Spaziergang: Linden-Nord

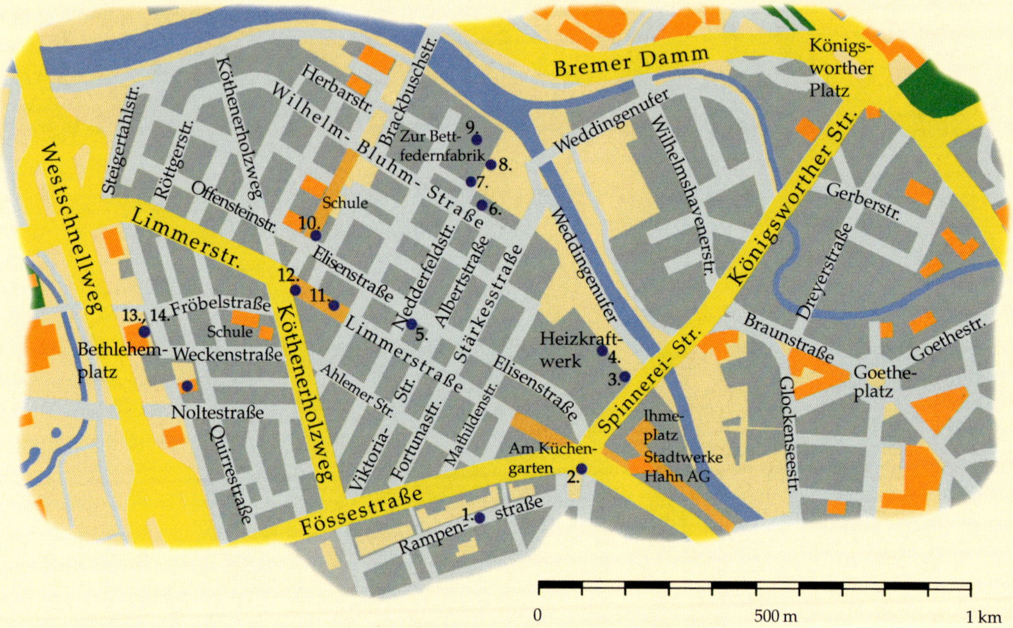

1. *Wegweiser des Friedens von Peter Lechelt in Zusammenarbeit mit Schülern der Fössefeldschule 1995. Ein Friedensstein gegen Ausländerhass unter dem Motto: „Alle in einem Boot!" Auf dem Grünstreifen in der* ***Rampenstraße, Linden***

2. *„Yaya Yolcu" Spiegelplastik von Klaus-Dieter Böhm und Katinka Nikolai,* ***Am Küchengarten***

3. *„Stahl 68" (Nirosta–Stahl) von Erich Hauser, vor dem* ***Heizkraftwerk Linden***

4. *Graffiti an der Rückseite des Heizkraftwerks*

5. *Bei diesem Bild stand ein Berliner Plakat der „Autonomen Szene" Pate, gemalt 1992 von einer Hobbymalerin,* ***Nedderfeldstraße 6***

6. *Kinderhaus in der* ***Wilhelm-Bluhm-Straße***

7. *Wilhelm-Bluhm-Denkmal von Wolfgang Supper, Am Faust,* ***Wilhelm Bluhm Straße***

9. Graffiti in einer neuen Technik an einer Wand im Bettfedernfabrik-gelände von drei jungen Künstlern.

8. Schrottskulpturen, Produkt aus der Kunstabteilung Faust, Bettfedernfabrik

11. Haltestelle „Busstop Leinaustraße" von Andreas Brandolini, ***Limmerstraße***

10. Portal der St. Benno-Kirche von Christoph Hehl 1902, ***Offensteinstraße 8***

12. *Pferdetränke-Brunnen von Max Sauk,* ***Limmerstraße/Ecke Köthner Holzweg***

13. ***Bethlehemskirche****, 1904-06 in neoromanischem Stil mit drei Turmhelmen von Karl Mohrmann erbaut, burgähnliche Baugruppe mit Pastorenhaus von 1915 (ebenfalls von Mohrmann).*
Eine außergewöhnliche Kirche: Die Wände im Turm dienen als Kletterwand. Im Keller befinden sich eine Kegelbahn, ein Jugendraum mit eigener Disco und in der Kneipe wird des öfteren selbstgebrautes Bier getrunken. Es gibt eine eigene Videogruppe und eine Fußballmannschaft.

14. *Das Rundrelief zeigt Siegurd im Kampf mit der vierköpfigen Schlange, die symbolisch für das Heidentum steht.*
Bethlehemsplatz

13a. *Die Evangelisten Matthäus, Markus, Lukas und Johannes an der* ***Bethlehemskirche*** *(um 1906).*

15. Spaziergang:
Herrenhausen

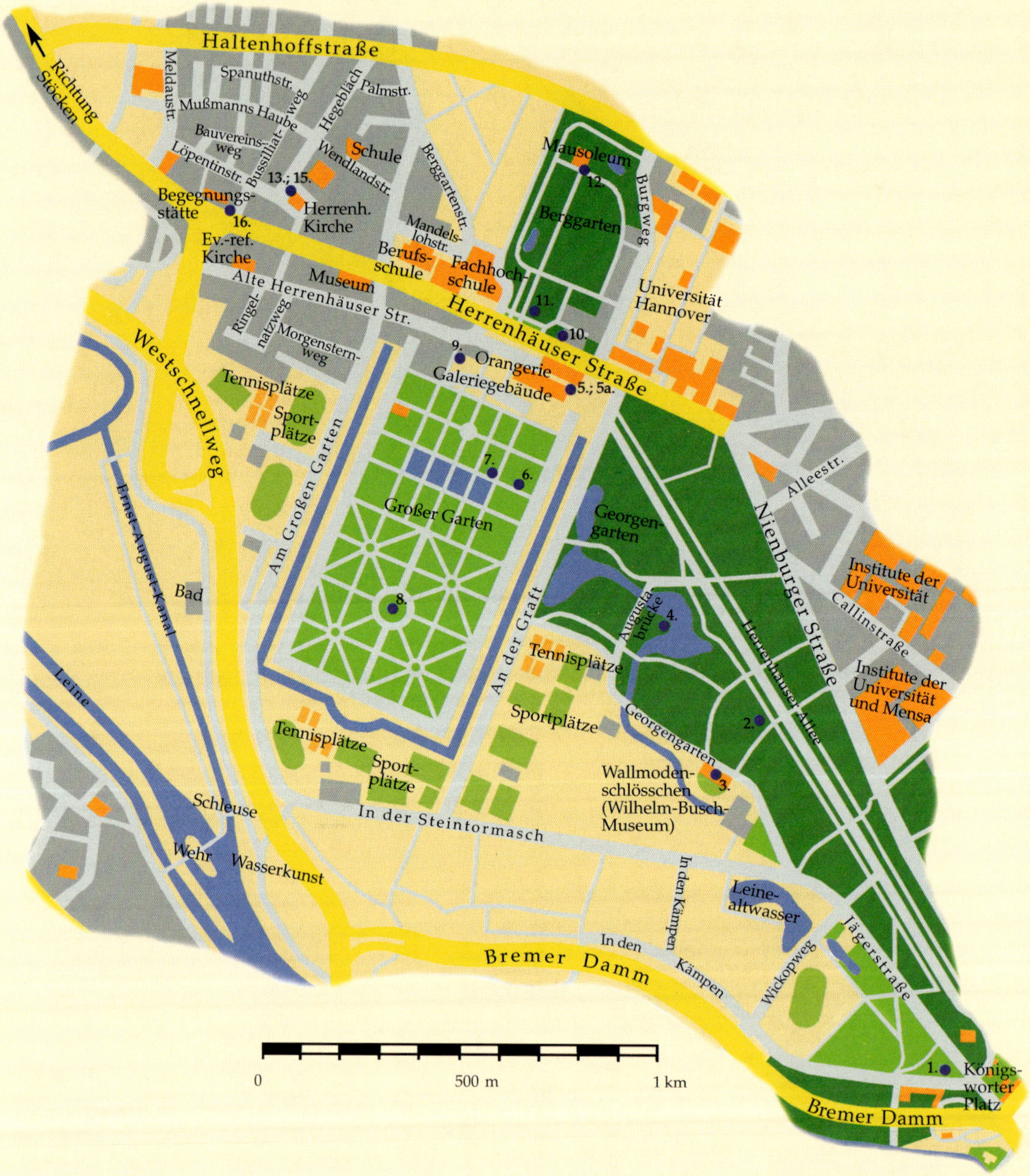

15. und 16. Spaziergang: Herrenhausen, Marienwerder, Garbsen

Wir beginnen am Königsworther Platz und wandern durch den Georgengarten die Allee entlang. Sie ist 2 km lang und wurde 1727 mit 1300 Linden doppelseitig bepflanzt. Die Bäume mußten 1974 wegen Krankheit komplett ausgetauscht werden. Der Georgengarten ist ein Landschaftsgarten mit seltenen Bäumen. Auf den Wiesenflächen tummelt sich die Bevölkerung, spielt Fußball oder stellt den Grill auf. Wichtige historische Bauten sind die Kavaliershäuser (heute Wohnhäuser), der königliche Pferdestall (heute Maschinenpark für die Gärtner, Wohnungen und Pferdestall) und das Wilhelm Busch-Museum. Ferner gibt es den Großen Garten (oder auch Barockgarten genannt) und den Berggarten, der früher Küchen- und Kräutergarten für die Sommerresidenz des Kurfürsten war. Damals gab es die Herrenhäuser Straße noch nicht, die das königliche Anwesen heute teilt. Das ab 1666 erbaute Schloss wurde im Zweiten Weltkrieg zerstört und nicht wieder aufgebaut.

Die Stadt übernahm 1936 die Gärten aus dem Besitz der Welfen. Seitdem ist die Pflege des historischen Glanzpunktes der Stadt garantiert. Die Gärten werden heute in den Sommermonaten zu zahlreichen herrlichen Festen und Konzerten genutzt. Besonderer Anziehungspunkt sind die Feuerwerkswettbewerbe.

Eine neue Attraktion im Berggarten ist das Regenwaldhaus, das im EXPO-Jahr 2000 eingeweiht wurde.

Der ursprüngliche Ort Herrenhausen war ein kleines Bauerndorf mit dem Namen „Hageringehusen“. 1666 ließ hier der Herzog von Calenberg das Schloss im Lustgarten als Sommerresidenz errichten. Teile des Dorfes wurden nach Westen verlegt und von da an hieß es Herrenhausen. 1891 wurde Herrenhausen zur Stadt Hannover eingemeindet und einstiges Gemeindeland an die Stadt verkauft. Da die Verteilung des Geldes sich aber als schwierig erwies, stifteten die Herrenhäuser sieben Jahre später 138000 Goldmark für den Bau der neuen Kirche. Heute reicht der Stadtteil bis hinter den Mittellandkanal und schließt die ehemaligen Dörfer Stöcken, Ledeburg und Leinhausen mit ein. So entwickelte sich der Stadtteil zum Standort für Industrie und Wohnungen. Die königlichen Gärten bilden abseits eine Oase.

Neben Herrenhausen besuchen wir auch den Stöckener Marktplatz und fahren weiter nach Marienwerder (Spaziergang 16).

Das Kloster Marienwerder und der Hinübersche Landschaftsgarten sind eigentlich alleine einen Spaziergang Wert. Das Kloster ist seit 1928 der westlichste Teil des Stadtteils Herrenhausen und liegt zwischen Wiesen und Wäldern in der weiten Talaue der Leine. Im 12. Jahrhundert war es noch eine Einsiedelei, die 1200 zum Kloster geweiht wurde. 1216 zogen dort Augustinerinnen ein. Seit 1620 ist es ein Damenstift.

Der Hinübersche Garten ist ein Landschaftspark im englischen Stil zwischen Kloster und Leine und wurde vom Klosteramtmann J. A. von Hinüber gestaltet. 1862 wandelte man einen Teil des Gartens zum Friedhof Marienwerder um.

Des weiteren ist das „Neue Rathaus Garbsen“ mit seiner „Kunst am Bau“ (besonders die sechs monolitischen Steinstelen und der Eingangsbereich) von Interesse.

1. *„Kreisteilung" von Alf Lechner 1987, Skulpturenmeile Nr. 8,* ***Königsworther Platz/ Georgengarten***

3. *Ehem. Wallmodenschlösschen, heute Wilhelm-Busch-Museum, ein 1779-82 von Borchers erweitertes Palais, 1846 durch Laves umgebaut,* ***Georgengarten***

4. *„Leibniztempel" von Johann Daniel Ramberg 1790, offener Rundtempel mit 12 Säulen, 1935 vom Waterlooplatz hierher versetzt,* ***Georgengarten***

unten: 5. ***Galeriegebäude****, ursprünglich als Orangerie geplant, 1694-98 erbaut, Hauptfront zum Garten, oben sechs Putten, außen vier Jahreszeiten, in der Mitte zwei Wappenhalter, im Giebel Monogramm des Kurfürstenpaares Ernst-August und Sophie („EAS"), darüber in der Mitte ein Putto, links Mars und rechts Minerva,* ***Großer Garten***

2. *Helmcke-Denkmal 1928, Nachbildung von F. A. Sötebier. Der Bäckermeister Helmcke rettete die Alleebäume mit 3000 Talern vor der Abholzung durch die napoleonischen Besatzungtruppen 1803-14.* ***Georgengarten***

oben links:
*5a. „Verbotstafel" von 1777 am Eingang zum **Großen Garten**!*
Inschrift: „Jedermann ist erlaubt sich im königlichen Garten eine Veränderung zu machen. Gemeinen Leuten wird jedoch bey Leibesstrafe verboten ..."

oben rechts:
*6. Das Gartentheater, **Georgengarten***

oben:
7. Großes Luststück mit Figur „Asien"

links: 8. Große Fontäne von Pierre la Croix, seit 1720 in Betrieb mit einer Steighöhe von 36 m, heute 60 m

rechts: 9. Die alte Grotte, im Jahre 2001 neu gestaltet von Niki de Saint Phalle, Mosaike aus buntem Glas, Spiegeln und bemalten plastischen Figuren

Berggarten. *Botanisch-ökologischer Schmuck- und Lehrgarten mit Orchideen-, Kakteen-, Tropen- und Regenwaldhaus sowie im Osten dem Mausoleum. Der Garten entstand als königlicher Küchengarten für das als Sommerresidenz genutzte Schloss. Mitte des 18. Jahrhunderts wurde er zum Botanik- und Landschaftsgarten umgestaltet.*

10. ***Bibliothekspavillon*** *von Georg Ludwig Friedrich Laves 1817-20*

11. ***Regenwaldhaus*** *von Gordon Wilson und Ray Hole, Bertram Bünemann & Partner 1998-2000 als EXPO 2000-Projekt „Stadt als Garten“,* ***Berggarten***

12. ***Mausoleum*** *der Hannoverschen Herrscherfamilie, von einem Eichenhain umgeben, ein Spätwerk von Georg Ludwig Friedrich Laves.*
Hier ruhen die Gebeine von Joh. Friedrich (1625-79), Herzog von Hannover,
Ernst-August, Kurfürst von Hannover,
Sophie (1629-98), Kurfürstin von Hannover,
Georg I. (1630-1714), Kurfürst von Hannover (1660-1727), ab 1714 zugleich König von Großbritannien und Irland
Ernst-August (1771-1851), König von Hannover,
Friedricke (1773-1841), Königin von Hannover.

*13. **Herrenhäuser Kirche**, 1903-06 als Sandsteinquaderbau in gotischen Formen von Eberhard Hillebrand (1840-1924) erbaut, im 2. Weltkrieg kaum beschädigt, originale Ausmalung wiederhergestellt, **Hegebläch 19***

*14. „Christusbrunnen 2000" von Stefan Schwertfeger **vor der Kirche**.*

unten links:
15. „Hoffnung" von Siegfried Zimmermann, Relief am 1960 gebauten Gemeindehaus der Herrenhäuser Kirche mit dem Thema: „Die sich unter dem Kreuz versammelnde Gemeinde".

*unten rechts: 16. Stahlplastik von Joachim Wolff 1970, vor der Begegnungsstätte **Herrenhäuser Straße 52***

16. Spaziergang:
Marienwerder, Garbsen

1. *„Aufbruch" von Ulrike Enders,*
Stöckener Markplatz

2. *„Mahnmal Stöcken" von Hans Jürgen Breuste 1987,* ***Auf der Horst, Garbsen***

unten links:
3. ***Klosterkirche Marienwerder****, Stiftung von Conrad von Roden 1196 als Augustinerkloster, 1620 säkularisiert und in ein Damenstift umgewandelt. Romanischer Kirchenbau um 1200 geweiht. Klostergebäude nach vielen Bränden mehrmals wieder aufgebaut, heute evan.-luth.* ***Pfarrkirche Quantelholz***

unten rechts:
4. ***Bronzetür*** *von S. Zimmermann, K. Wientzek und H. M. Breig 1996. Links oben: Die drei vom Kreuz abgewandten Köpfe symbolisieren die Spaltung der Kirche. Rechts oben: Die Apostel unter der Taube, dem Zeichen des Heiligen Geistes. Mitte: Beide Bilder erzählen von der Entstehung der Kirche. Links unten: Krankenpflege durch die Stiftsdamen. Rechts unten: Ein Teil der Arbeit des Klosters ist auch die Altenpflege.*

5. *„Hexenküche" im* ***Hinüberschen Garten****, eine künstliche Turmruine mit weiblicher Gewandfigur aus dem 16. Jahrhundert*

6. *„Changing Colours" von Werner Ratering, aus der Reihe „Kunst am Bau", sechs Stelen aus Anröcher Dolomit. Der obere Bereich ist mit in Rot- und Blautönen eingefärbtem Pigmentmörtel versehen. Dieser Bereich ändert seine Farbe je nach Wetterlage.*
Vor dem ***Neuen Rathaus in Garbsen***

7. *„Begegnung" von Peter Nettesheim. Sechs eiserne 90 cm große Figuren sind im rechten Winkel zur Wand montiert und halten einen Klönschnack.*
Neues Rathaus

Künstler- und Straßenregister